Análisis de datos con Excel: Power Query, Power Pivot y Power BI

avanza editorial

Editado por:
EDITORIAL FAE, S.L.U.
Correo electrónico: editorial@editorialfae.com

Análisis de datos con Excel: Power Query, Power Pivot y Power BI
Beatriz Coronado García

1ª Edición

ISBN: 978-84-1135-402-8

Impreso en España

Índice

U. A. 1. Realización de tablas

U. A. 2. Análisis y realización de tablas y gráficos dinámicos

U. A. 3. Aprendizaje del uso de Power Query. Obtención y transformación de datos

Introducción

Objetivos

1. Conectar diferentes fuentes de datos
2. Transformar datos
3. Combinar datos de diferentes orígenes
4. Cargar la consulta de Excel

RESUMEN

GLOSARIO

EJERCICIOS DE AUTOEVALUACIÓN

U. A. 4. Aprendizaje del uso de Power Pivot. Modelado de datos y análisis

Introducción

Objetivos

1. Crear relaciones entre tablas
2. Utilizar el lenguaje DAX para crear expresiones de análisis de datos
3. Crear indicadores clave de rendimiento (KPI)
4. Crear perspectivas para la navegación por conjuntos de datos
5. Organizar campos de jerarquías

RESUMEN

GLOSARIO

EJERCICIOS DE AUTOEVALUACIÓN

U. A. 5. Aprendizaje del uso de Power BI

Aplicaciones prácticas

Ejercicio de evaluación final

Solucionario

Bibliografía

Índice

U. A. 1. Realización de tablas

Introducción

Las tablas en Excel constituyen la base del análisis de datos, ya que permiten organizar grandes volúmenes de información en un formato estructurado. Una tabla no solo facilita la lectura y comprensión de los registros, sino que también incorpora funcionalidades adicionales como el filtrado, el ordenamiento, el uso de fórmulas estructuradas y la aplicación de estilos de diseño.

La correcta construcción de una tabla es esencial para asegurar la calidad de los análisis posteriores y constituye el primer paso hacia la explotación avanzada de los datos.

Objetivos

- Comprender la utilidad de las tablas como herramienta de organización y análisis.
- Aprender a crear y dar formato a tablas en Excel.
- Aplicar filtros, ordenamientos y fórmulas estructuradas para gestionar información.

1. Realización de tablas

Cuando se trabaja con hojas de cálculo, es habitual manejar grandes volúmenes de datos que, a simple vista, pueden parecer poco organizados. Para dar estructura a esa información, Excel ofrece la posibilidad de convertir un rango de celdas en una **tabla**. A diferencia de un rango común, una tabla posee propiedades dinámicas que facilitan la gestión y análisis de los datos.

Una **tabla de Excel** se caracteriza por tener un área definida con encabezados de columna, filas con información organizada y un conjunto de herramientas específicas para trabajar sobre ella. Al convertir un rango en tabla, se habilitan automáticamente funcionalidades como el filtrado, el ordenamiento, los estilos de formato y las fórmulas estructuradas, lo que permite un manejo mucho más ágil de la información.

K15			fx						
	A	B	C	D	E	F	G	H	I	J
1	Producto	Categoría	Precio	Unidades		Produc	Catego	Precio	Unidad	
2	Manzanas	Fruta	1,2	50		Manzanas	Fruta	1,2	50	
3	Plátanos	Fruta	0,9	80		Plátanos	Fruta	0,9	80	
4	Zanahoria	Verdura	1,1	40		Zanahoria	Verdura	1,1	40	
5	Tomates	Verdura	1,5	60		Tomates	Verdura	1,5	60	
6	Pan	Panadería	2	30		Pan	Panadería	2	30	
7										
8										
9										

El uso de tablas no se limita únicamente a mejorar la estética de los datos. Su verdadera utilidad radica en la dinamización de los procesos:

- Facilitan la identificación y segmentación de la información.
- Permiten que los cálculos se adapten automáticamente cuando se incorporan nuevas filas o columnas.
- Garantizan una mayor consistencia al aplicar formatos y fórmulas.

De esta manera, las tablas se convierten en el punto de partida para análisis más avanzados, como la creación de tablas dinámicas o la conexión con herramientas como Power Query y Power Pivot.

Supongamos que se dispone de un listado de ventas en un rango de celdas con cientos de registros. Si este rango se mantiene sin convertir en tabla, al añadir una nueva fila se deberían ajustar manualmente fórmulas, filtros o formatos.

En cambio, al transformarlo en una tabla:

- El formato se aplica automáticamente.
- Los filtros se generan de forma inmediata en cada encabezado.
- Las fórmulas que hagan referencia a la tabla se actualizan sin intervención del usuario.

A. Creación y formato de una tabla

Una vez comprendido el concepto de tabla en Excel, el siguiente paso es aprender a crear y dar formato a estas estructuras. Este proceso resulta sencillo, pero es fundamental para garantizar que los datos estén correctamente organizados y listos para análisis posteriores.

Para crear una tabla en Excel, existen dos métodos principales:

- Seleccionar el rango de datos y usar la opción del menú **Insertar → Tabla**.
- Utilizar el atajo de teclado **Ctrl + T**, que automáticamente abre la ventana de confirmación para definir los datos de la tabla.

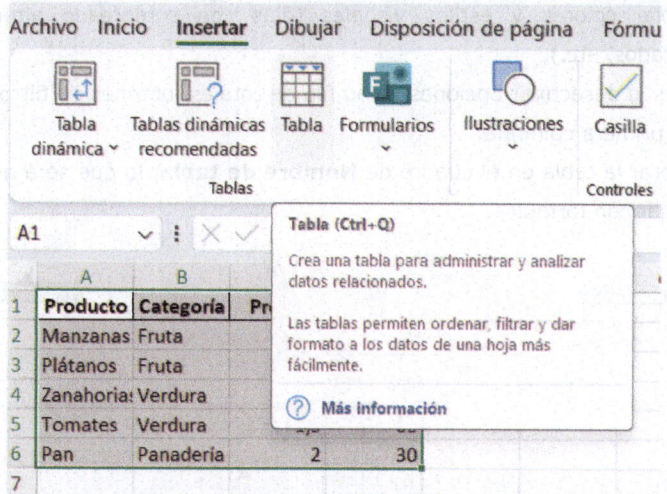

En ambos casos, es importante verificar que la casilla **"La tabla tiene encabezados"** esté marcada cuando la primera fila contenga los nombres de las columnas.

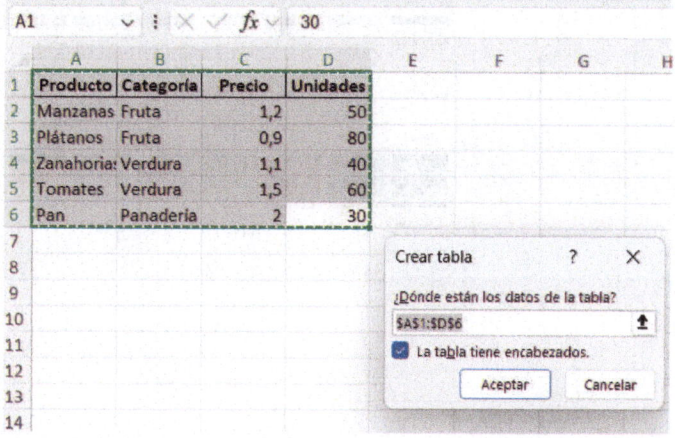

Una vez creada, Excel aplica automáticamente un **estilo de tabla predeterminado**. Este formato se puede personalizar desde la pestaña **Herramientas de tabla → Diseño**, donde es posible:

- Cambiar colores y estilos visuales (filas con sombreado alterno, bordes resaltados, etc.).
- Activar o desactivar opciones como fila de totales, botones de filtro o resaltado de la primera columna.
- Nombrar la tabla en el cuadro de **Nombre de tabla**, lo que será muy útil para trabajar con fórmulas.

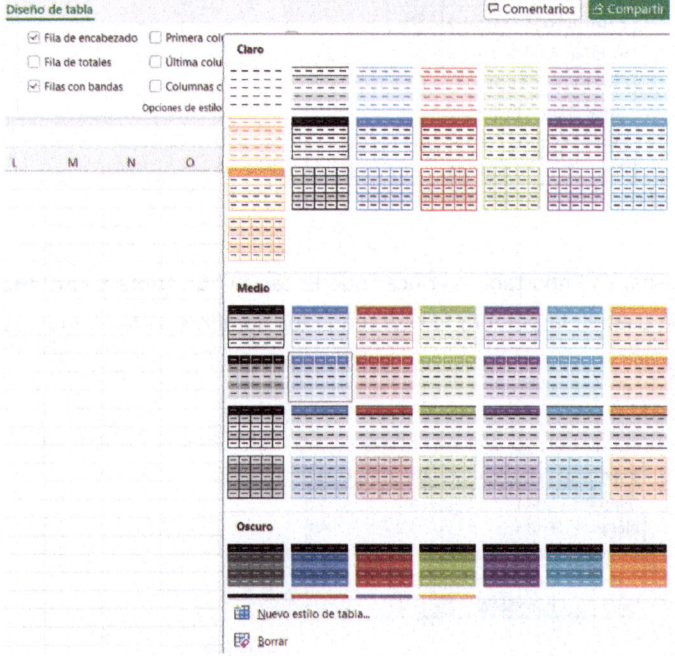

Ejemplo

Supongamos que se tiene una hoja con información de empleados: Nombre, Departamento, Salario y Fecha de ingreso. Al convertir este rango en tabla:

- Cada columna se convierte en un campo fácilmente filtrable.
- Se pueden aplicar formatos visuales que mejoran la lectura (por ejemplo, filas intercaladas en color gris).
- Es posible activar una fila de totales que calcule automáticamente el promedio de salarios o el recuento de empleados.

Es recomendable **nombrar las tablas con un identificador claro,** por ejemplo "Ventas2024" en lugar de dejar el nombre automático "Tabla1". Esto evita confusión al usarlas en fórmulas o al conectarlas con herramientas como **Power Query** o **Power Pivot.**

B. Funcionalidades principales de las tablas

Una vez creada y formateada una tabla en Excel, se desbloquean una serie de funcionalidades avanzadas que facilitan el análisis de los datos y optimizan el trabajo. Estas herramientas permiten manipular la información de manera dinámica y automatizada, sin necesidad de ajustes manuales constantes.

- **Filtros y ordenamientos:** Cada encabezado de columna en una tabla incluye un menú desplegable que permite aplicar **filtros personalizados** (por valores, por condiciones, por colores) y realizar **ordenamientos** ascendentes o descendentes.

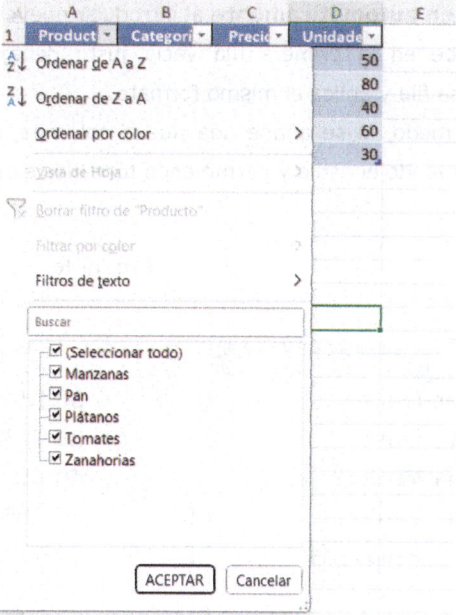

Esto simplifica la localización de registros concretos y la organización de la información de acuerdo con las necesidades del análisis.

- **Fórmulas estructuradas:** Las tablas permiten utilizar **fórmulas estructuradas**, que hacen referencia a los campos por su nombre en lugar de por celdas. Esto mejora la claridad y facilita el mantenimiento del archivo.

Un ejemplo de fórmula estructurada sería:

Si se tiene una tabla llamada Ventas con una columna Importe, la fórmula para calcular el total sería:
=SUMA(Ventas[Importe])
Caja de ejemplo:

En lugar de escribir =SUMA(C2:C100), Excel permite usar el nombre del campo, haciendo la fórmula más comprensible y evitando errores al añadir nuevas filas.

- **Crecimiento dinámico de la tabla:** Una de las ventajas clave de las tablas es que se **expanden automáticamente** al introducir nuevos datos.
  - Si se escribe en la primera fila vacía justo debajo de la tabla, Excel incorpora esa fila y aplica el mismo formato.
  - Del mismo modo, si se añade una nueva columna, esta se integra en la tabla conservando el estilo y permitiendo fórmulas estructuradas.

A1	✓ ⋮ ✕ ✓ *fx* ✓	Producto		
	A	B	C	D	E
1	Produc ▾	Catego ▾	Precio ▾	Unidad ▾	Descue ▾
2	Manzanas	Fruta	1,2	50	5%
3	Plátanos	Fruta	0,9	80	10%
4	Zanahorias	Verdura	1,1	40	0%
5	Tomates	Verdura	1,5	60	15%
6	Pan	Panadería	2	30	20%
7					

- **Fila de totales:** Excel permite activar la **fila de totales** desde la pestaña de Herramientas de tabla → Diseño. Esta fila se coloca al final de la tabla y puede configurarse para mostrar:
  - Suma.
  - Promedio.
  - Recuento.
  - Valor máximo o mínimo.

C8			fx	=SUMA(C2:C7)	
	A	B	C	D	E
1	Emplea	Edad	Importe		
2	Ana	29	1800		
3	Luis	35	2100		
4	Marta	41	2500		
5	Pedro	38	2300		
6	Sofía	27	2000		
7	Carlos	32	2200		
8	Totales	33,66667	12900		
9					

Anotación

El uso de tablas no solo organiza la información, sino que también automatiza procesos: cualquier cambio en los datos se refleja de inmediato en las fórmulas y cálculos asociados.

Resumen

Las tablas en Excel constituyen una herramienta fundamental para organizar y gestionar grandes volúmenes de información. A diferencia de un rango de celdas convencional, las tablas poseen propiedades dinámicas que facilitan la lectura, el filtrado y el análisis de los datos. Además, permiten trabajar con estructuras claras en las que cada columna corresponde a un campo y cada fila a un registro, lo que favorece la coherencia y la consistencia en el tratamiento de la información.

El proceso de creación de una tabla es sencillo: basta con seleccionar un rango de celdas y acceder a la opción Insertar → Tabla o utilizar el atajo de teclado Ctrl + T. Durante este procedimiento es recomendable marcar la opción de que la tabla tiene encabezados, siempre que la primera fila contenga los nombres de las columnas. Una vez creada, Excel aplica un formato predeterminado que puede personalizarse mediante estilos visuales, filas de totales y opciones adicionales de diseño. También es aconsejable asignar un nombre significativo a cada tabla, lo que facilita su uso en fórmulas y en conexiones posteriores con herramientas de análisis más avanzadas.

Las funcionalidades que ofrecen las tablas son una de sus mayores ventajas. Los filtros y ordenamientos permiten organizar la información de forma inmediata y personalizada, mientras que las fórmulas estructuradas hacen referencia a los campos por su nombre, lo que aumenta la claridad y reduce los errores en los cálculos. Además, las tablas poseen la capacidad de crecer dinámicamente: al añadir nuevas filas o columnas, se integran de forma automática manteniendo el formato y las referencias activas. A todo ello se suma la posibilidad de activar una fila de totales que facilita cálculos como sumas, promedios o recuentos, sin necesidad de fórmulas adicionales.

En conjunto, las tablas representan el primer paso hacia el análisis de datos en Excel, ya que permiten pasar de una información desordenada a un entorno estructurado, dinámico y preparado para su explotación en tablas dinámicas, gráficos o en complementos avanzados como Power Query, Power Pivot y Power BI.

Glosario

Encabezado

Primera fila de la tabla que contiene los nombres de las columnas o campos, utilizada para identificar y filtrar la información.

Fila de totales

Fila especial situada al final de la tabla que permite calcular automáticamente sumas, promedios, recuentos y otros indicadores sin necesidad de escribir fórmulas adicionales.

Filtros

Herramienta que permite mostrar únicamente los registros que cumplen determinadas condiciones (por valores, por texto, por número, por color, etc.).

Fórmula estructurada

Fórmula que utiliza los nombres de las columnas de la tabla en lugar de referencias de celda, facilitando la interpretación y reduciendo errores.

Ordenamiento

Función que organiza los datos de una columna en orden ascendente o descendente, según criterios alfabéticos, numéricos o de fechas.

Tabla en Excel

Rango de celdas convertido en una estructura dinámica con encabezados, formato propio y herramientas específicas para organizar y analizar datos.

Ejercicios de autoevaluación

1. ¿Qué diferencia principal existe entre un rango de celdas y una tabla en Excel?

   a. El rango permite aplicar fórmulas estructuradas.

   b. La tabla aplica automáticamente formato y filtros.

   c. El rango se actualiza al añadir datos.

   d. La tabla no permite ordenar datos.

2. ¿Qué combinación de teclas permite crear rápidamente una tabla en Excel?

   a. Ctrl + Alt + T.

   b. Ctrl + Shift + T.

   c. Alt + Insert.

   d. Ctrl + T.

3. Al crear una tabla, ¿qué casilla conviene marcar si la primera fila contiene nombres de columnas?

   a. Usar fila de totales.

   b. Aplicar estilo predeterminado.

   c. La tabla tiene encabezados.

   d. Mostrar siempre filtros.

4. ¿Qué ventaja ofrecen las fórmulas estructuradas?

   a. No requieren referencias de celda.

   b. Son exclusivas de gráficos dinámicos.

   c. Se utilizan solo en Power Query.

   d. Solo funcionan en columnas calculadas.

5. Si se añade una fila justo debajo de una tabla, ¿qué ocurre?

    a. Excel ignora los nuevos datos.

    b. Los datos se añaden al rango, pero no a la tabla.

    c. La tabla se expande automáticamente para incluir la nueva fila.

    d. Se borran los formatos previos.

6. ¿Dónde se encuentra la opción para activar la fila de totales en una tabla?

    a. Menú Insertar → Totales.

    b. Herramientas de datos → Filtros.

    c. Herramientas de tabla → Diseño.

    d. Fórmulas → Totales rápidos.

7. ¿Qué cálculo puede realizarse desde la fila de totales?

    a. Solo suma.

    b. Solo recuento.

    c. Solo promedio.

    d. Suma, promedio, recuento y más.

8. ¿Qué elemento se añade automáticamente al convertir un rango en tabla?

    a. Segmentaciones.

    b. Filtros en los encabezados.

    c. Gráficos dinámicos.

    d. Relación de datos.

9. ¿Qué opción mejora la legibilidad de una tabla alternando colores en filas?

    a. Encabezados fijos.

    b. Estilos de tabla.

    c. Fila de totales.

    d. Macros de formato.

10.¿Qué recomendación es clave para trabajar con varias tablas en un mismo archivo?

a. Usar siempre el mismo nombre de tabla.

b. No cambiar el nombre automático (Tabla1, Tabla2).

c. Nombrar cada tabla con un identificador claro.

d. Mantener los datos sin encabezados.

U. A. 2. Análisis y realización de tablas y gráficos dinámicos

Introducción

Las tablas dinámicas son una de las herramientas más potentes de Excel para el análisis de información. Permiten resumir, reorganizar y explorar grandes cantidades de datos de manera flexible. A partir de ellas es posible identificar patrones, tendencias y relaciones, sin necesidad de manipular manualmente los registros. Complementariamente, los gráficos dinámicos convierten estos resultados en representaciones visuales interactivas que facilitan la comunicación de los hallazgos.

Objetivos

- Crear y personalizar tablas dinámicas para analizar datos complejos.
- Diseñar gráficos dinámicos que representen la información de forma visual.
- Utilizar segmentaciones y filtros interactivos para mejorar la exploración de datos.

1. Crear una tabla dinámica para analizar datos

Una tabla dinámica es una de las herramientas más potentes de Excel para analizar grandes volúmenes de datos de manera rápida y flexible. A diferencia de una tabla normal, la tabla dinámica no muestra los datos tal como están almacenados, sino que los resume, organiza y reagrupa en función de las necesidades del análisis.

Su principal característica es la capacidad de arrastrar y soltar campos en diferentes áreas (filas, columnas, valores y filtros) para crear vistas distintas de la misma información sin necesidad de modificar los datos originales. Esto convierte a las tablas dinámicas en una herramienta interactiva que permite explorar los datos desde múltiples perspectivas.

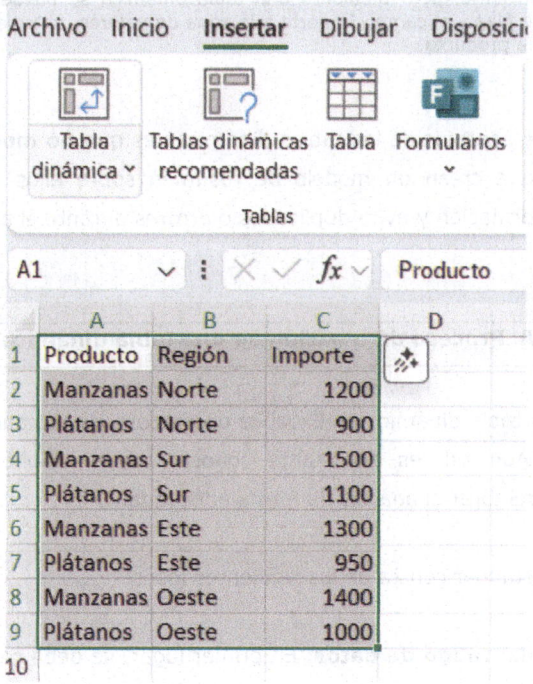

El valor de las tablas dinámicas radica en que permiten responder preguntas de negocio o de gestión de forma inmediata. Por ejemplo, a partir de un listado de ventas con miles de registros, es posible conocer:

- La facturación total por producto.
- El promedio de ventas por cliente.
- La evolución mensual o trimestral de las cifras.
- La participación de cada departamento en los resultados.

Ejemplo

Supongamos que se dispone de un registro con 10.000 líneas de ventas. Revisar estos datos uno a uno sería ineficiente, pero mediante una tabla dinámica se puede arrastrar el campo Producto a la zona de filas y el campo Importe a la zona de valores, obteniendo de inmediato el total vendido por cada producto.

Una de las grandes ventajas de las tablas dinámicas es que **no modifican los datos de origen**, sino que crean un modelo de resumen sobre ellos. Esto garantiza la seguridad de la información y evita duplicados o errores durante el análisis.

A. Proceso de creación de una tabla dinámica

La creación de una tabla dinámica en Excel es un proceso guiado que puede realizarse en pocos pasos. Aun así, es importante conocer qué decisiones tomar en cada momento para estructurar el análisis de forma adecuada.

El procedimiento estándar consta de las siguientes fases:

- **Selección del rango de datos:** En primer lugar, se debe contar con una base de datos organizada en columnas, donde cada una represente un campo (ejemplo: *Producto, Fecha, Cantidad, Importe*). Es recomendable que el rango esté convertido previamente en **tabla de Excel**, ya que esto facilita la actualización dinámica.

- **Inserción de la tabla dinámica:** Una vez seleccionado el rango, se accede al menú **Insertar → Tabla dinámica**. Excel mostrará un cuadro de diálogo en el que se deben definir dos aspectos clave:
  - **Origen de los datos**: puede ser un rango de la hoja, una tabla o incluso una fuente externa como Access o SQL Server.
  - **Ubicación de la tabla dinámica**: puede crearse en una nueva hoja de cálculo (recomendado para mantener la claridad) o en una hoja existente.

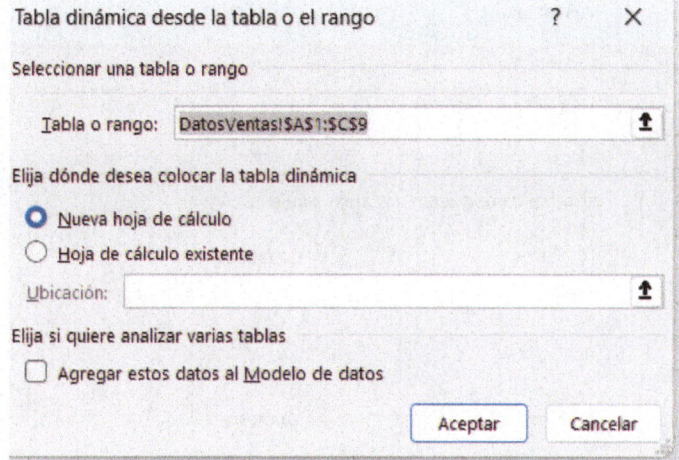

- **Configuración inicial:** Tras aceptar, Excel muestra el área de trabajo de la tabla dinámica junto al **Panel de campos**. Este panel permite arrastrar los campos disponibles hacia las cuatro áreas principales:
  - **Filtros**: sirven para aplicar condiciones generales (ejemplo: mostrar solo un año concreto).
  - **Columnas**: organizan los datos horizontalmente.
  - **Filas**: organizan los datos verticalmente.
  - **Valores**: contienen los cálculos (sumas, promedios, recuentos, etc.).

Campos de tabla dinámica ∨ ✕

Seleccionar campos para agregar al informe: ⚙ ∨

Buscar 🔍

☐ Producto ∨
☐ Región
☐ Importe
Más tablas...

Arrastrar campos entre las áreas siguientes:

▼ Filtros | ‖ Columnas

▦ Filas | Σ Valores

☐ Aplazar actualización del diseño Actualizar

Ejemplo

Supongamos que se desea analizar las ventas de una empresa por región. Para ello se arrastra el campo Región a la zona de filas y el campo Importe a la zona de valores. En cuestión de segundos, Excel genera un resumen con el total de ventas por región, sin necesidad de aplicar fórmulas manuales.

Una vez creada la tabla dinámica, siempre es posible modificar el diseño y reorganizar los campos. No es necesario crear una nueva tabla para cada análisis: basta con arrastrar los campos a diferentes áreas para obtener perspectivas distintas de la misma base de datos.

B. Exploración inicial de los datos

Una vez creada la tabla dinámica, comienza la fase de **exploración**, en la que se aprovechan las distintas áreas de configuración para obtener diferentes perspectivas de la información. Esta exploración es flexible e interactiva: basta con arrastrar los campos en el panel de campos para reorganizar el análisis de manera inmediata.

Los campos disponibles pueden distribuirse en cuatro áreas principales:

- **Filas**: permiten agrupar los datos en categorías verticales.
- **Columnas**: presentan los datos en categorías horizontales.
- **Valores**: aplican cálculos sobre los datos numéricos (sumas, promedios, recuentos, máximos, mínimos, etc.).
- **Filtros**: permiten mostrar únicamente un subconjunto de datos de acuerdo con criterios específicos.

El poder de las tablas dinámicas radica en la posibilidad de combinar campos de diferentes maneras:

- Analizar las ventas **por producto y por año**, arrastrando ambos campos a filas o columnas.
- Calcular el **promedio de ventas por cliente**, colocando el campo Cliente en filas y cambiando la configuración de los valores de "Suma" a "Promedio".
- Comparar resultados de distintos periodos mediante el campo Fecha en columnas y Ventas en valores.

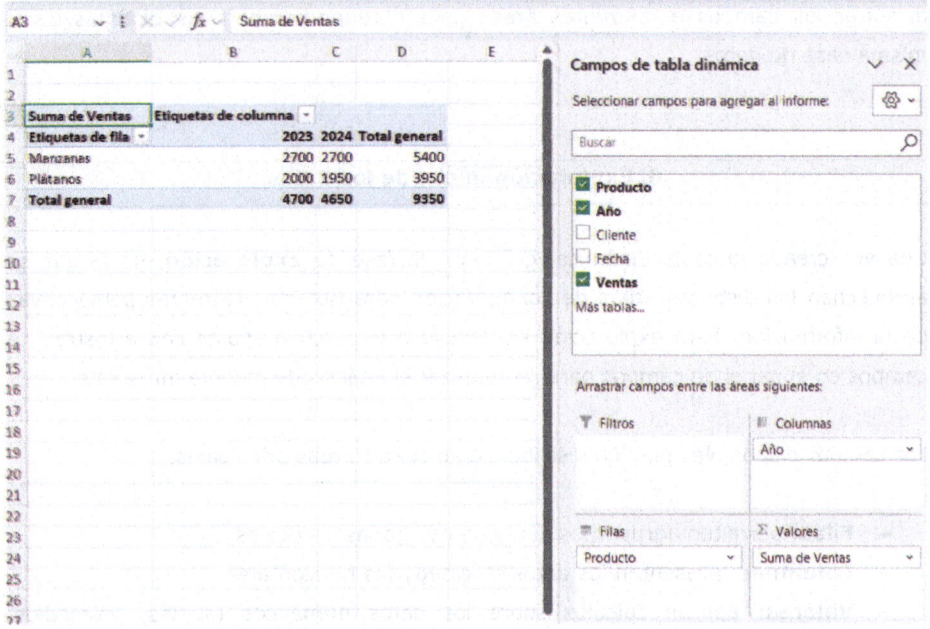

 **Ejemplo**

Un analista quiere saber cuáles son los productos más vendidos en cada región. Para ello arrastra el campo Región a las filas, el campo Producto a las columnas y el campo Importe a los valores. En cuestión de segundos obtiene una matriz que muestra la distribución de ventas de cada producto en cada región, pudiendo detectar fácilmente patrones y tendencias.

La exploración inicial no es definitiva. Una de las mayores ventajas de las tablas dinámicas es que permiten **probar distintas configuraciones** sin riesgo, hasta dar con la visualización más adecuada para responder a una necesidad concreta de análisis.

2. Dar formato a una tabla dinámica

Una vez creada la tabla dinámica, no basta con tener los datos resumidos: es igualmente importante presentarlos de manera clara y comprensible. Excel ofrece múltiples opciones de diseño que permiten adaptar la tabla a las necesidades del análisis y mejorar la experiencia visual del usuario.

Las tablas dinámicas incluyen una amplia galería de estilos predeterminados que facilitan la lectura de los datos. Estos estilos aplican colores alternos a las filas o columnas, resaltan encabezados y delimitan los totales. Además, se pueden personalizar creando un estilo propio acorde a la imagen corporativa de la empresa.

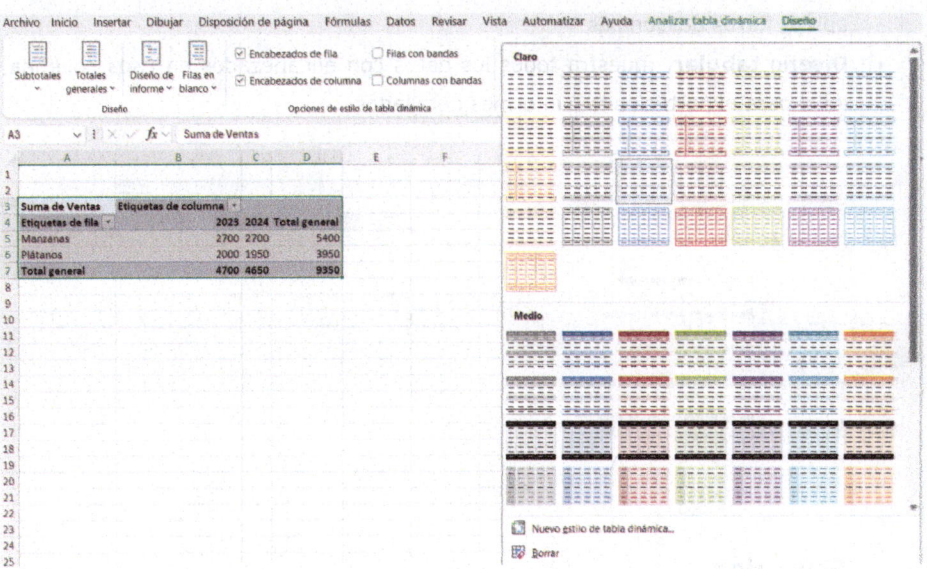

Excel permite activar o desactivar totales generales tanto en filas como en columnas. Esto es útil cuando se desea mostrar únicamente los detalles sin un acumulado global, o, al contrario, cuando se necesita un resumen consolidado.

De igual manera, se pueden configurar subtotales para cada categoría, mostrando sumas, promedios o recuentos dentro de grupos específicos.

En una tabla dinámica de ventas por región y producto, los subtotales permiten ver el total de cada región además del detalle de cada producto.

Una característica muy práctica es poder elegir cómo se muestran los campos en filas y columnas:

- **Diseño compacto**: agrupa varios campos en una misma columna, reduciendo el ancho de la tabla.
- **Diseño en esquema**: coloca cada campo en su propia columna, lo que facilita aplicar filtros adicionales.
- **Diseño tabular**: muestra todos los datos con encabezados en cada columna, ideal para exportaciones o informes detallados.

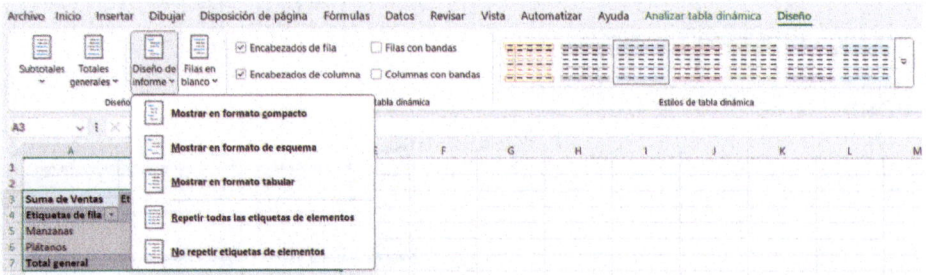

Escoger el diseño adecuado depende del objetivo: el compacto es útil para resúmenes rápidos, el tabular para informes detallados y el esquema cuando interesa mostrar subtotales claros.

A. Personalización de los campos y valores

Una vez configurada la estructura de la tabla dinámica, es posible personalizar la forma en que se presentan los campos y los cálculos. Esta fase es fundamental para que el análisis no solo sea correcto, sino también claro y adaptado a los objetivos de la empresa o usuario.

De manera predeterminada, Excel muestra los nombres de los campos tal como aparecen en la base de datos. Sin embargo, se pueden **renombrar** para darles mayor claridad en los informes.

Por ejemplo, un campo llamado *"IMP"* en la base de datos puede renombrarse como *"Importe de ventas"* dentro de la tabla dinámica, facilitando la interpretación de los resultados.

Los cálculos que aparecen en la zona de valores no se limitan a la **suma**. Es posible configurarlos para que se muestren como:

- **Promedio**: útil para obtener medias en lugar de totales.
- **Recuento**: contabiliza el número de registros.
- **Máximo y mínimo**: identifican el valor más alto o bajo.
- **Porcentaje del total**: muestra la proporción que representa cada elemento respecto al total.
- **Diferencia respecto a...**: compara cada dato con un valor base.
- **Acumulado**: refleja cómo crecen los valores en un periodo determinado.

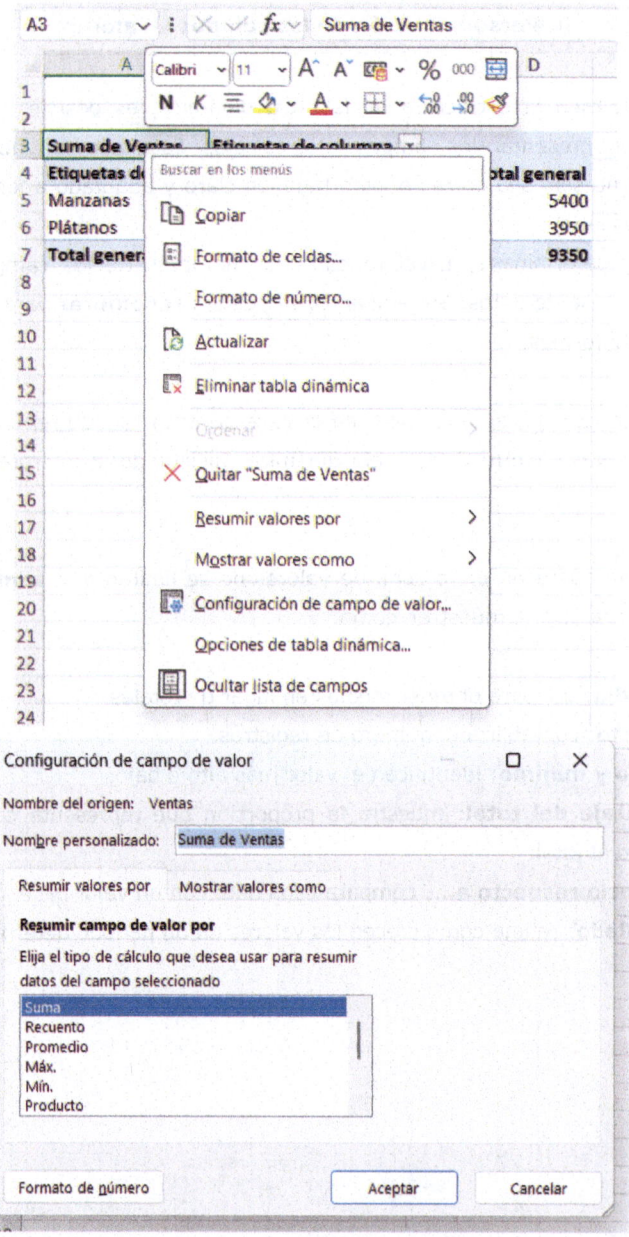

Ejemplo

En una tabla de ventas por producto, se puede mostrar el % del total de ventas en lugar del importe absoluto, lo que permite identificar los productos más representativos.

Además de elegir el tipo de cálculo, es recomendable ajustar el **formato de los números** (moneda, porcentaje, decimales, etc.). Esto se hace desde la opción *Configuración de campo de valor → Formato de número*.

Un importe de ventas, por ejemplo, se verá mucho más claro si se muestra en euros con separador de miles.

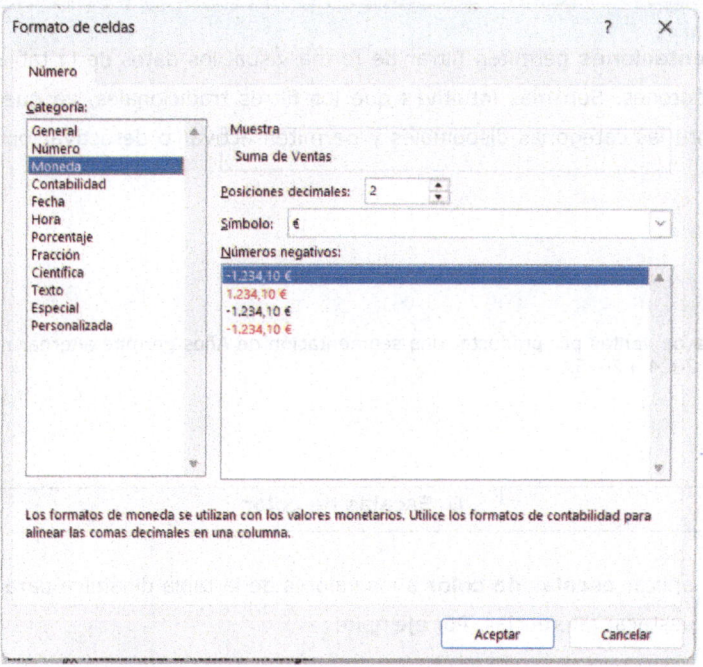

Personalizar los valores no altera los datos de origen, solo cambia la forma de visualizarlos en la tabla dinámica. Esto permite **flexibilidad total**: los mismos datos pueden analizarse como totales, porcentajes o promedios, según las necesidades del informe.

B. Herramientas de mejora visual

Además de las opciones de diseño y personalización de campos, Excel ofrece una serie de herramientas para **mejorar la presentación y comprensión de las tablas dinámicas**. Estas funciones añaden valor porque convierten los datos en información clara, accesible y visualmente atractiva.

C. Segmentaciones

Las **segmentaciones** permiten filtrar de forma visual los datos de la tabla dinámica mediante botones. Son más intuitivas que los filtros tradicionales, ya que muestran directamente las categorías disponibles y permiten activar o desactivar opciones con un solo clic.

En una tabla de ventas por producto, una segmentación de Años permite alternar rápidamente entre 2023, 2024 o 2025.

D. Escalas de color

Se pueden aplicar **escalas de color** a los valores de la tabla dinámica para identificar patrones y destacar diferencias. Por ejemplo:

- Verde para valores altos y rojo para bajos.
- Gradientes de azul para mostrar intensidad de ventas en distintas regiones.

E. Iconos y reglas de formato condicional

El **formato condicional** aplicado sobre las tablas dinámicas es una poderosa herramienta de análisis visual. Permite añadir iconos o símbolos que indican de forma rápida si un valor es positivo, negativo o si cumple con determinadas condiciones.

En una tabla de resultados mensuales, se pueden aplicar flechas verdes, amarillas y rojas para mostrar la evolución de los beneficios.

F. Tablas dinámicas con segmentaciones múltiples

Otra opción es combinar varias segmentaciones o filtros visuales en un mismo informe. Esto permite crear un panel de control básico dentro de Excel, muy útil para informes ejecutivos.

Ejemplo de aplicación en combinación:

- Segmentación por Año.
- Segmentación por Región.
- Segmentación por Producto.

Esto permite cruzar los datos de manera interactiva sin necesidad de rehacer la tabla.

Estas herramientas transforman la tabla dinámica en un recurso **interactivo** que va más allá del análisis numérico. La clave está en resaltar lo importante y facilitar la interpretación a quien consulte el informe, incluso si no tiene conocimientos técnicos avanzados de Excel.

3. Crear gráficos dinámicos para presentar de forma gráfica los datos de una tabla dinámica

Los **gráficos dinámicos** son la extensión natural de las tablas dinámicas. Mientras que la tabla muestra los datos de forma estructurada y resumida, el gráfico dinámico los presenta de manera **visual e interactiva**, facilitando la interpretación y la comunicación de los resultados.

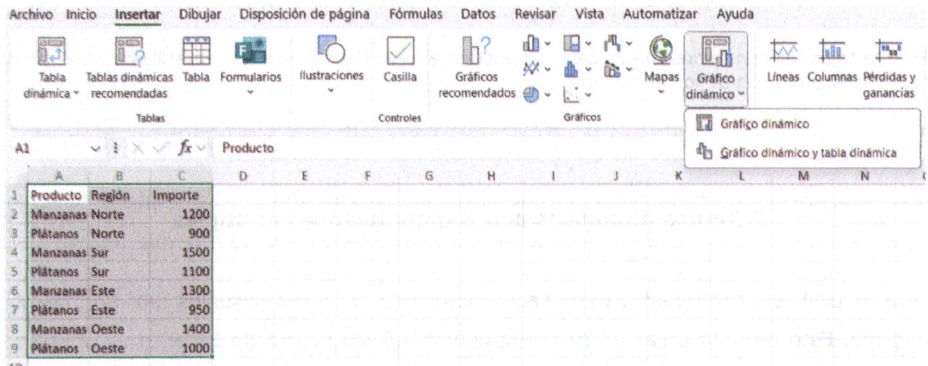

Al igual que ocurre con los gráficos convencionales de Excel, un gráfico dinámico puede ser de columnas, barras, líneas, sectores u otros tipos. Sin embargo, se diferencia porque está vinculado directamente a la tabla dinámica: cualquier cambio que se realice en la tabla (como filtrar, reorganizar campos o añadir segmentaciones) se refleja de inmediato en el gráfico asociado.

Los gráficos dinámicos ofrecen varias ventajas:

- **Interactividad**: permiten actualizar la vista aplicando filtros y segmentaciones sin necesidad de modificar el gráfico manualmente.
- **Flexibilidad**: se adaptan automáticamente a los cambios en la tabla dinámica, evitando tener que rehacer gráficos al actualizar los datos.
- **Claridad**: presentan de manera visual la misma información resumida que la tabla, pero en un formato más accesible para el análisis y la toma de decisiones.

Ejemplo

Imaginemos una tabla dinámica que muestra las ventas por región y producto. Al insertar un gráfico dinámico de columnas:

- El eje horizontal muestra las regiones.
- El eje vertical refleja las ventas totales.
- Cada barra está segmentada por producto.

Si se aplica un filtro en la tabla dinámica para mostrar solo el año 2024, el gráfico dinámico se actualiza automáticamente para representar únicamente esos datos.

Todo gráfico dinámico depende de una tabla dinámica. Esto significa que si se elimina la tabla, también se pierde el gráfico. Por ello, siempre deben considerarse como un conjunto inseparable para el análisis.

Al crear un gráfico dinámico en Excel, se dispone de una amplia gama de **tipos de gráficos** que permiten representar la información de distintas formas, adaptándose a los objetivos del análisis. La elección adecuada del gráfico es clave para que los datos se comprendan con claridad y se resalten los aspectos más importantes.

A. Gráficos de columnas y barras

Son los más utilizados en análisis de tablas dinámicas, ya que permiten comparar rápidamente valores entre diferentes categorías.

- **Columnas**: muestran la comparación de valores en sentido vertical.
- **Barras**: presentan la información de manera horizontal, siendo más útiles cuando hay categorías con nombres largos.

Un gráfico de columnas puede mostrar las ventas totales por región, facilitando la comparación entre zonas geográficas.

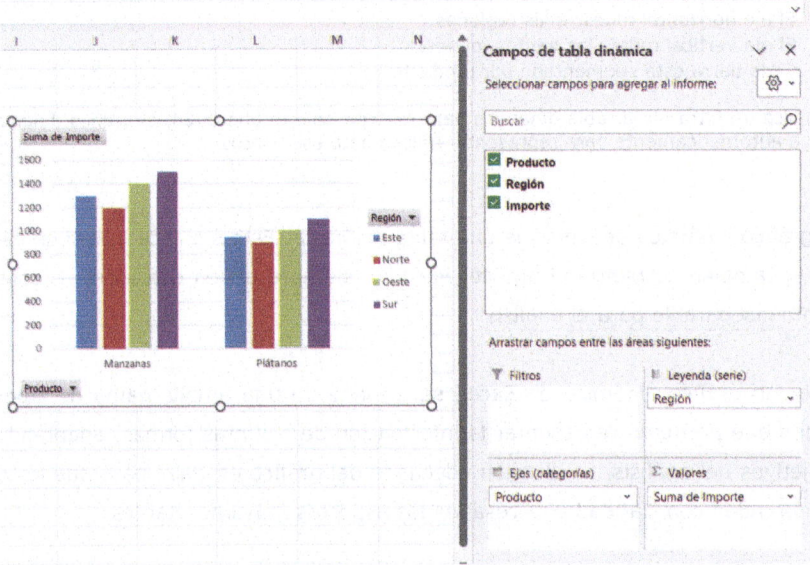

B. Gráficos de líneas

Se utilizan principalmente para representar la evolución de los datos en el tiempo. Resultan muy eficaces para identificar tendencias y patrones de crecimiento o decrecimiento.

Ejemplo

Mostrar la evolución de las ventas mensuales durante un año.

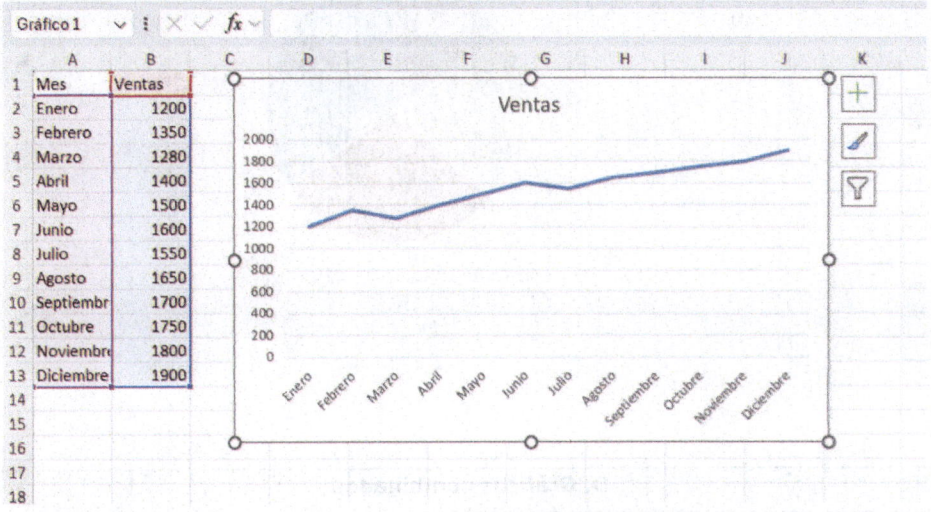

	A	B				
1	Mes	Ventas				
2	Enero	1200				
3	Febrero	1350				
4	Marzo	1280				
5	Abril	1400				
6	Mayo	1500				
7	Junio	1600				
8	Julio	1550				
9	Agosto	1650				
10	Septiembr	1700				
11	Octubre	1750				
12	Noviembr	1800				
13	Diciembre	1900				

C. Gráficos de sectores (pastel)

Son útiles para mostrar la proporción que representa cada categoría respecto al total. Se recomiendan solo cuando hay pocas categorías, ya que con muchas divisiones pierden claridad.

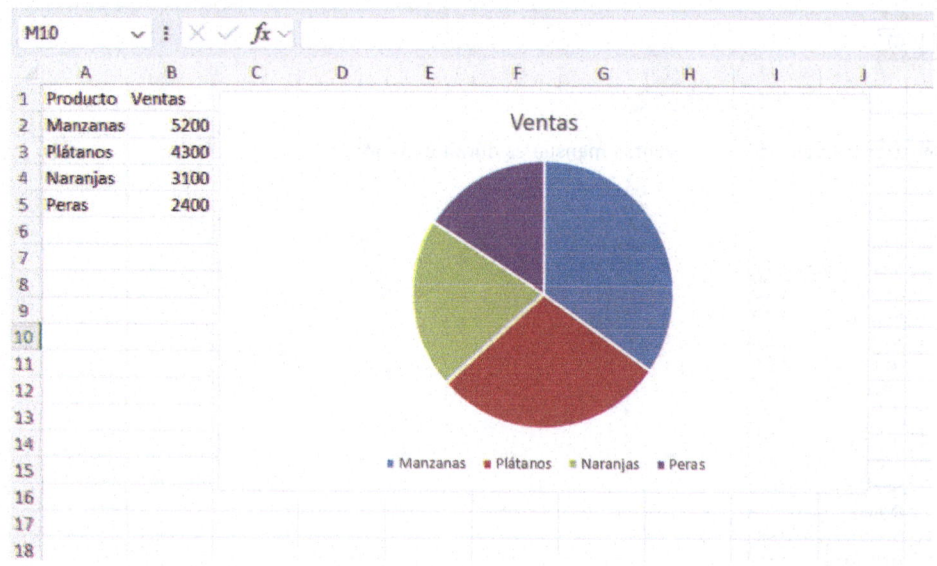

D. Gráficos combinados

Excel permite combinar dos tipos de gráficos en uno solo, lo que resulta útil cuando se desea comparar diferentes magnitudes.

Un gráfico que muestre las ventas en columnas y el margen de beneficio en una línea, dentro del mismo gráfico dinámico.

Aunque Excel ofrece otros tipos de gráficos (dispersión, área, radar, etc.), los más utilizados en la práctica con tablas dinámicas son **columnas, barras, líneas y sectores**, ya que permiten transmitir la información de forma clara y rápida.

E. Interactividad y personalización

Una de las mayores fortalezas de los gráficos dinámicos es su capacidad de interacción con los usuarios y la posibilidad de personalización visual. Estas características convierten a los gráficos en herramientas útiles no solo para el análisis de datos, sino también para la comunicación de resultados en informes y presentaciones.

Al estar vinculados a tablas dinámicas, los gráficos dinámicos heredan sus filtros y segmentaciones. Esto significa que, al aplicar un filtro en la tabla, el gráfico se actualiza automáticamente.

Del mismo modo, las segmentaciones y las escalas de tiempo permiten interactuar con los datos de forma más intuitiva: un clic basta para cambiar de año, de región o de producto.

Un gráfico de columnas que muestra las ventas totales por región puede actualizarse al instante para mostrar únicamente los datos de 2023, seleccionando el año desde una segmentación.

Excel ofrece múltiples opciones para personalizar los gráficos dinámicos, de modo que la presentación se adapte al objetivo del informe.

Algunas de las más comunes son:

- Cambiar colores y estilos de las series.
- Modificar títulos, leyendas y etiquetas de datos.
- Ajustar ejes para mejorar la legibilidad.
- Aplicar diseños predeterminados o crear combinaciones propias.

Ejemplo

Un responsable de ventas prepara un informe mensual. Con una tabla dinámica obtiene las cifras por región y con un gráfico dinámico de columnas presenta los resultados de forma visual. Añade segmentaciones por Año y Producto, y personaliza los colores para que coincidan con la identidad corporativa. De esta manera, obtiene un panel interactivo que puede actualizar fácilmente cada mes con solo importar los nuevos datos.

La interactividad y personalización convierten a los gráficos dinámicos en un recurso mucho más potente que los gráficos tradicionales, ya que no solo muestran información, sino que permiten al usuario explorarla activamente y adaptarla a sus necesidades de análisis o presentación.

Resumen

Las tablas dinámicas son una de las herramientas más potentes de Excel para el análisis de grandes volúmenes de información. Permiten reorganizar y resumir datos sin alterar la fuente original, ofreciendo diferentes perspectivas mediante la distribución de campos en filas, columnas, valores y filtros. Su flexibilidad convierte el análisis en un proceso dinámico e interactivo, capaz de responder rápidamente a preguntas de negocio como ventas por producto, resultados por región o evolución temporal.

La creación de una tabla dinámica sigue un proceso sencillo: seleccionar el rango de datos (preferiblemente convertido en tabla), insertar la tabla dinámica desde el menú de Excel, y configurar los campos en el panel correspondiente. Una vez construida, es posible modificar el diseño, mover campos, aplicar filtros o explorar combinaciones sin necesidad de rehacerla, lo que facilita la exploración inicial de la información.

Además del análisis numérico, resulta fundamental la presentación visual de los resultados. Excel permite aplicar estilos predeterminados, configurar subtotales y totales, y elegir entre distintos tipos de diseño (compacto, esquema o tabular). También se pueden personalizar nombres de campos y aplicar diferentes cálculos en la zona de valores, como promedios, porcentajes o acumulados. Herramientas adicionales como las segmentaciones o el formato condicional enriquecen la experiencia al permitir un filtrado visual y destacar patrones mediante colores o iconos.

El siguiente nivel de análisis se consigue con los gráficos dinámicos, que convierten los resultados de las tablas dinámicas en representaciones visuales interactivas. Estos gráficos están directamente vinculados a la tabla de origen, de modo que cualquier cambio en filtros o campos se refleja de inmediato. Entre los más utilizados se encuentran los gráficos de columnas y barras para comparaciones, los de líneas para tendencias temporales y los de sectores para proporciones, así como gráficos combinados que integran distintos formatos en una sola visualización.

Los gráficos dinámicos destacan por su interactividad y personalización. Heredan segmentaciones y escalas de tiempo, lo que permite al usuario explorar los datos con un simple clic. Asimismo, admiten cambios estéticos, como la modificación de colores, ejes, títulos o estilos, lo que los convierte en un recurso eficaz no solo para analizar, sino también para comunicar resultados de manera clara y atractiva en informes o presentaciones.

En definitiva, las tablas y gráficos dinámicos convierten a Excel en una herramienta integral de análisis, al integrar flexibilidad, visualización y actualización automática en un mismo entorno. Su capacidad de transformar datos en información comprensible y útil los hace indispensables para la gestión y la toma de decisiones en cualquier ámbito profesional.

Glosario

Escala de tiempo
Herramienta visual que facilita filtrar datos por fechas en una tabla o gráfico dinámico, mostrando periodos como meses, trimestres o años.

Formato condicional en gráficos
Aplicación de colores, iconos o reglas visuales que resaltan valores específicos para facilitar la interpretación.

Gráfico combinado
Tipo de gráfico que integra dos o más formas de representación (por ejemplo, columnas y líneas) en una misma visualización para comparar diferentes magnitudes.

Gráfico dinámico
Representación visual vinculada a una tabla dinámica que permite mostrar los datos de forma interactiva y se actualiza automáticamente con los cambios en la tabla.

Segmentación
Filtro visual en forma de botones que permite seleccionar categorías de manera rápida e intuitiva dentro de una tabla o gráfico dinámico.

Ejercicios de autoevaluación

1. ¿Qué es un gráfico dinámico en Excel?

a. Un gráfico que se actualiza solo cuando se reabre el archivo.

b. Un gráfico independiente de los datos.

c. Un gráfico vinculado a una tabla dinámica que refleja sus cambios.

d. Un gráfico creado únicamente a partir de rangos normales.

2. ¿Qué ocurre al modificar los filtros de una tabla dinámica vinculada a un gráfico dinámico?

a. El gráfico no se actualiza.

b. El gráfico se actualiza automáticamente.

c. El gráfico se desactiva.

d. Se borra el gráfico.

3. ¿Cuál es la principal ventaja de un gráfico dinámico frente a uno tradicional?

a. No requiere datos.

b. Es más atractivo visualmente.

c. Se adapta a los cambios en la tabla dinámica.

d. Se guarda en un formato distinto.

4. ¿Qué tipo de gráfico es más adecuado para comparar ventas entre regiones?

a. Columnas o barras.

b. Sectores.

c. Líneas.

d. Radar.

5. ¿Cuál es el gráfico más útil para analizar la evolución de ventas mensuales?

a. Barras.

b. Sectores.

c. Líneas.

d. Combinado.

6. ¿En qué caso se recomienda usar un gráfico de sectores (pastel)?

a. Cuando hay más de 20 categorías.

b. Para mostrar tendencias en el tiempo.

c. Para comparar magnitudes distintas.

d. Cuando se quiere mostrar la proporción de cada categoría respecto al total.

7. ¿Qué es un gráfico combinado?

a. Un gráfico que mezcla datos de diferentes archivos.

b. Un gráfico que usa segmentaciones múltiples.

c. Un gráfico que une dos tipos diferentes, como columnas y líneas, en una sola visualización.

d. Un gráfico que agrupa datos de varias tablas dinámicas.

8. ¿Qué elemento permite filtrar de forma visual en un gráfico dinámico?

a. Recuento automático.

b. Totales generales.

c. Segmentación.

d. Subtotales.

9. **¿Qué herramienta facilita filtrar datos de un gráfico dinámico en base a periodos de tiempo?**

    a. Escala de tiempo.
    b. Barra de estado.
    c. Segmentación múltiple.
    d. Filtros avanzados.

10. **Si en un gráfico dinámico de ventas se aplica un filtro de producto, ¿qué ocurre?**

    a. El gráfico se borra.
    b. El gráfico muestra todos los productos.
    c. El gráfico pierde interactividad.
    d. El gráfico solo muestra los productos seleccionados.

U. A. 3. Aprendizaje del uso de Power Query. Obtención y transformación de datos

Introducción

Power Query es una herramienta integrada en Excel que permite conectar, importar, limpiar y transformar datos provenientes de múltiples fuentes (archivos de texto, CSV, bases de datos, servicios online, entre otros). Con este complemento, el usuario puede automatizar procesos de preparación de datos, ahorrar tiempo y garantizar consistencia en los análisis. El enfoque de Power Query se basa en un entorno visual y en un lenguaje específico (M), que permite aplicar transformaciones complejas sin necesidad de programación avanzada.

Objetivos

- Conectar Excel con diferentes orígenes de datos.
- Aplicar procesos de limpieza y transformación de información.
- Combinar y consolidar datos de distintas fuentes para un análisis integrado.

1. Conectar diferentes fuentes de datos

En el trabajo con datos, uno de los pasos fundamentales es establecer la conexión con el origen de la información. En Excel tradicional, esto solía implicar importar o copiar datos dentro de la hoja de cálculo. Sin embargo, con Power Query la lógica cambia: en lugar de traer una copia estática de los datos, se crea una conexión dinámica con el origen, lo que permite actualizarlos automáticamente cuando cambie la fuente.

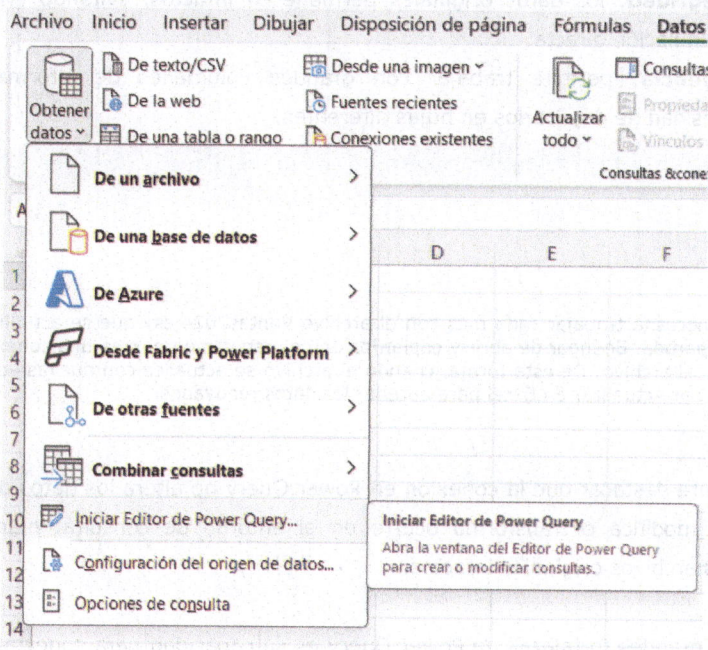

Fig. 1. Desde la pestaña Datos, la opción Obtener datos permite conectarse a archivos, bases de datos, servicios en línea o iniciar el Editor de Power Query para gestionar consultas

Power Query funciona como un **intermediario** entre los datos originales y el análisis en Excel. Su misión es conectarse al origen, mostrar una vista previa de la información y permitir su limpieza y transformación antes de cargarla en Excel. De este modo, se asegura que los datos se mantengan actualizados y en un formato adecuado para su análisis.

Conectar datos a través de Power Query ofrece beneficios frente a la importación manual:

- **Automatización**: una vez definida la conexión, se puede actualizar en segundos con un clic.
- **Variedad de orígenes**: es posible conectarse a archivos (Excel, CSV, TXT), bases de datos (Access, SQL Server), servicios online (SharePoint, Azure) o incluso a páginas web.
- **Integridad**: los datos originales permanecen intactos, evitando errores por manipulación directa.
- **Eficiencia**: permite trabajar con grandes volúmenes de información sin necesidad de duplicarlos en hojas diferentes.

Ejemplo

Un analista necesita trabajar cada mes con el archivo Ventas2024.csv que se actualiza en una carpeta compartida. En lugar de abrir y copiar los datos manualmente, crea una conexión desde Power Query al archivo. De esta forma, cuando el archivo se actualice con nuevas ventas, solo tiene que pulsar Actualizar en Excel para obtener los datos renovados.

Es importante destacar que la conexión en Power Query no altera los datos de origen. Lo que se modifica o transforma ocurre en el entorno de consulta, manteniendo siempre los archivos originales intactos.

Una de las grandes fortalezas de Power Query es su capacidad para conectarse a una amplia variedad de fuentes de datos. Esto lo convierte en una herramienta flexible, útil tanto para usuarios que trabajan con archivos simples como para aquellos que gestionan bases de datos complejas o servicios en la nube.

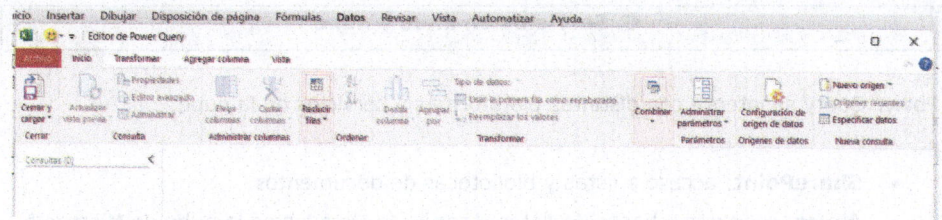

Fig. 2. El Editor de Power Query ofrece un entorno visual para transformar, combinar y organizar datos de múltiples orígenes

A. Archivos locales

Power Query puede conectarse a diferentes tipos de archivos almacenados en el equipo:

- **Excel**: importar directamente desde otras hojas o libros.
- **CSV y TXT**: muy comunes para el intercambio de datos entre aplicaciones.
- **XML y JSON**: usados en entornos web o exportaciones de sistemas.

B. Bases de datos

También permite conectarse a sistemas de bases de datos relacionales, lo que es fundamental en entornos empresariales. Algunos ejemplos:

- **Access**: integración directa con bases de datos de Microsoft.
- **SQL Server**: conexión con grandes volúmenes de información corporativa.
- **Oracle, MySQL y PostgreSQL**: acceso a servidores de datos de uso extendido en distintos sectores.

C. Servicios en línea y nube

Power Query se integra con distintas plataformas y servicios en la nube:

- **SharePoint**: acceso a listas y bibliotecas de documentos.
- **Azure**: conexión a bases de datos y servicios alojados en la nube de Microsoft.
- **Power BI Datasets**: reutilización de modelos ya creados en Power BI.

D. Otras fuentes de datos

Además, es posible conectarse a orígenes menos convencionales, como:

- **Páginas web**: para extraer tablas directamente desde sitios online.
- **Carpetas**: donde Power Query combina automáticamente todos los archivos de un directorio (por ejemplo, facturas en formato CSV).
- **Servicios OData o SAP**: empleados en sistemas de gestión empresarial.

Ejemplo

Un responsable de logística necesita analizar los pedidos registrados en un sistema web. Gracias a Power Query, se conecta directamente a la tabla de pedidos publicada en una página interna de la empresa. Cada vez que consulta los datos, la información se actualiza en Excel sin necesidad de copiar manualmente desde el navegador.

La variedad de orígenes convierte a Power Query en un hub centralizado de datos, capaz de integrar información dispersa en múltiples formatos y plataformas en un único entorno de análisis.

El proceso de conexión en Power Query es sencillo y está diseñado para que el usuario pueda importar datos desde cualquier fuente de forma guiada. A diferencia de la importación tradicional de Excel, Power Query ofrece un entorno donde se puede previsualizar, transformar y organizar los datos antes de cargarlos.

Los pasos para establecer la conexión son:

1. **Abrir la opción "Obtener y transformar datos".** Desde la pestaña **Datos** → **Obtener datos**, se despliega un menú con todas las opciones de conexión disponibles (archivos, bases de datos, servicios en línea, etc.). Esta opción la vemos en la siguiente imagen:

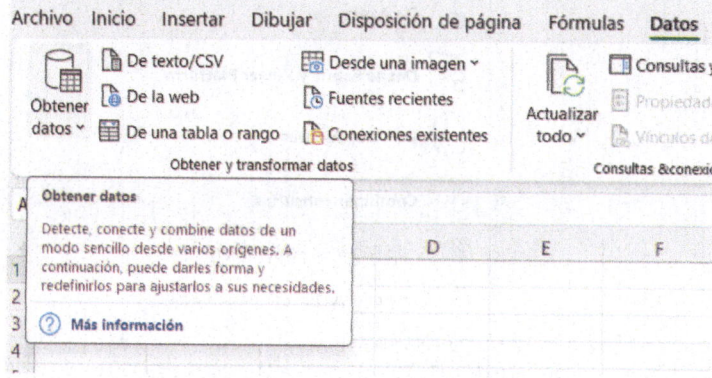

2. **Seleccionar el origen de datos.** Vemos las posibles fuentes en la imagen:

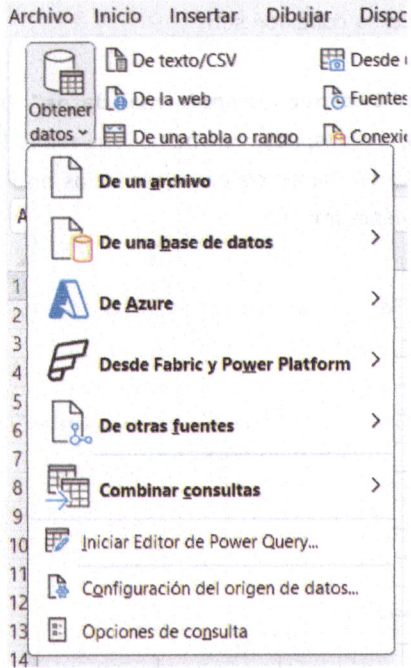

- o Si es un archivo, se busca en el explorador del equipo.
- o Si es una base de datos, se introduce el servidor, el nombre de la base y las credenciales.
- o Si es una página web, se copia la URL correspondiente.

3. **Previsualizar los datos**. Una vez seleccionada la fuente, Power Query abre el **Editor de consultas** mostrando una vista previa de los datos. En este punto aún no se han cargado a Excel, sino que están listos para transformarse según lo que necesite el usuario.

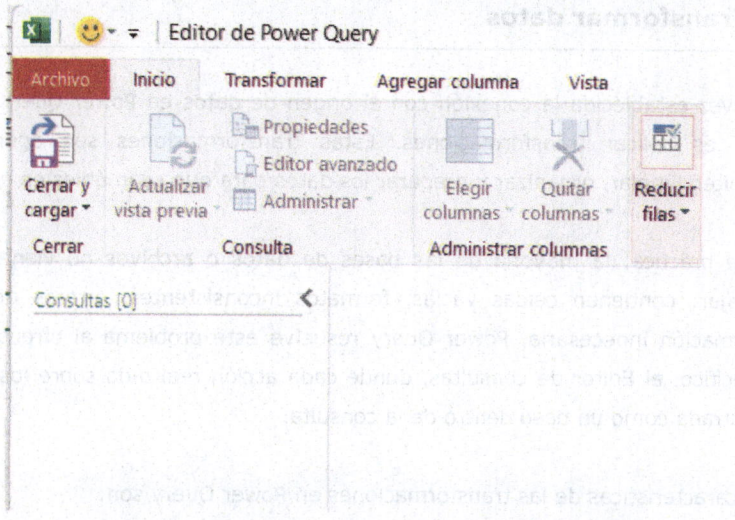

Fig. 3. Al abrir el Editor de Power Query, se presenta una vista previa de los datos que permite aplicar transformaciones antes de cargarlos en Excel

4. **Decidir cómo cargar los datos**. Tras revisar la vista previa, el usuario puede:
   - **Cargar directamente en Excel** como tabla.
   - **Cargar al modelo de datos** para trabajar después con Power Pivot.
   - **Solo crear conexión**, útil cuando los datos se van a combinar con otras fuentes más adelante.

Ejemplo

Un analista conecta Power Query a un archivo CSV con 20.000 registros de clientes. Selecciona la opción "Obtener datos desde archivo → CSV", visualiza la previsualización en el Editor de consultas y decide aplicar filtros antes de cargar la información en Excel. Al guardar la conexión, los datos quedan listos para ser actualizados cada vez que el archivo cambie.

La gran diferencia respecto a la importación manual es que Power Query **guarda los pasos de conexión y transformación como una consulta**. Así, la próxima vez basta con pulsar *Actualizar* para repetir automáticamente el proceso, sin necesidad de rehacerlo paso a paso.

2. Transformar datos

Una vez establecida la conexión con el origen de datos en Power Query, el siguiente paso es aplicar transformaciones. Estas transformaciones son operaciones que permiten limpiar, organizar y preparar los datos para que sean útiles en el análisis.

En la práctica, la mayoría de las bases de datos o archivos no vienen listos para trabajar: contienen celdas vacías, formatos inconsistentes, errores de escritura o información innecesaria. Power Query resuelve este problema al ofrecer un entorno específico, el Editor de consultas, donde cada acción realizada sobre los datos queda registrada como un paso dentro de la consulta.

Las características de las transformaciones en Power Query son:

- **No afectan a los datos originales**: todas las modificaciones se aplican en la consulta, manteniendo la fuente intacta.
- **Se registran como pasos**: cada transformación queda guardada y se repite automáticamente cada vez que se actualizan los datos.
- **Flexibilidad**: es posible deshacer, reordenar o eliminar transformaciones en cualquier momento.
- **Escalabilidad**: las mismas transformaciones pueden aplicarse a nuevos datos sin rehacer el proceso.

Ejemplo

Un archivo con ventas contiene columnas con fechas en diferentes formatos y valores de importes con símbolos de moneda mezclados. En el Editor de Power Query se aplican transformaciones para unificar el formato de fecha y cambiar el tipo de dato a número decimal en la columna de importes. A partir de ese momento, cada vez que se actualice el archivo, Power Query aplicará automáticamente estas correcciones.

La transformación de datos en Power Query es lo que convierte un conjunto de registros desordenados en una base limpia, estructurada y lista para el análisis en Excel, Power Pivot o Power BI.

A. Transformaciones básicas

Las **transformaciones básicas** en Power Query son aquellas operaciones más comunes que se aplican para preparar los datos y hacerlos aptos para el análisis. Suelen ser los primeros pasos dentro del **Editor de consultas**, y resultan imprescindibles para limpiar la información antes de usarla en tablas dinámicas, Power Pivot o Power BI.

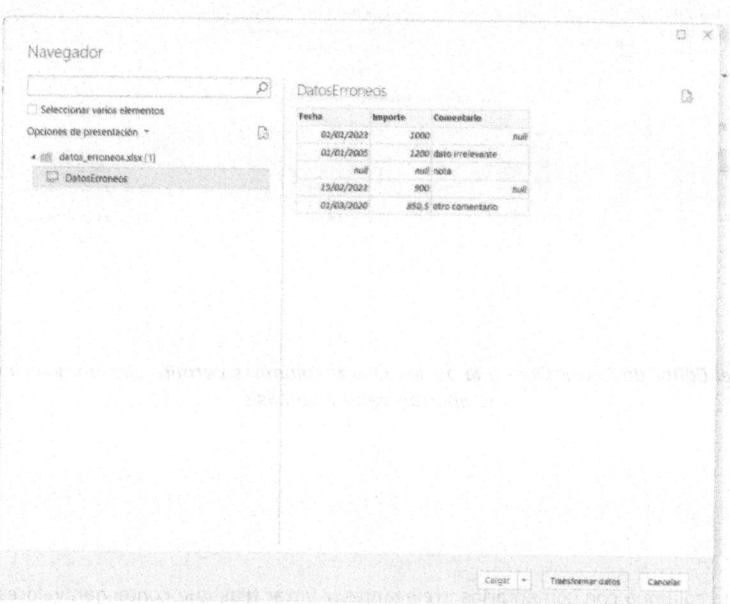

Fig. 4. El Navegador de Power Query muestra una vista previa de los datos antes de aplicar transformaciones o cargarlos en Excel

Una de las transformaciones más habituales consiste en asignar el tipo de dato correcto a cada columna: número, texto, fecha, porcentaje, etc. Esto asegura que Excel o Power BI interpreten los datos correctamente y puedan aplicarse cálculos sin errores. Ejemplo: cambiar una columna de *"Texto"* a *"Fecha"* cuando contiene registros de calendario.

En muchos casos, los archivos incluyen columnas o filas que no aportan valor. Power Query permite eliminarlas de manera rápida.

- **Eliminar columnas**: seleccionando aquellas que no se usarán en el análisis.
- **Filtrar filas**: para descartar registros vacíos, duplicados o que no cumplan con un criterio.

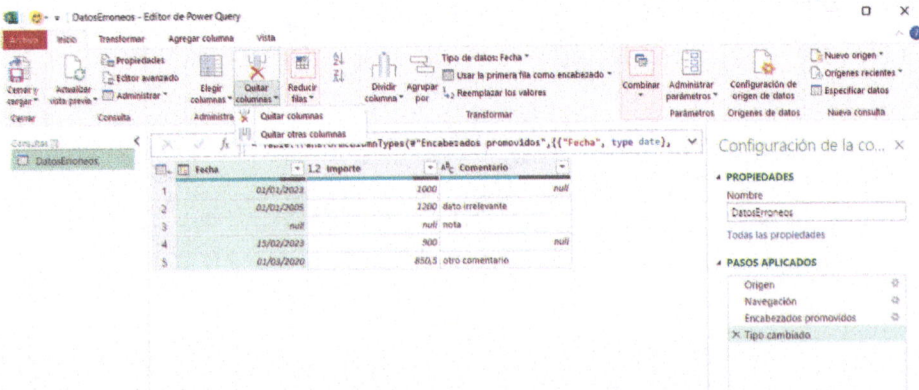

Fig. 5. En el Editor de Power Query, la opción Quitar columnas permite eliminar los campos que no aportan valor al análisis

 **Ejemplo**

Eliminar una columna con comentarios irrelevantes y filtrar filas que contengan valores nulos en la columna Importe.

Es común encontrar datos agrupados en una misma columna que conviene separar. Power Query permite dividir columnas por delimitador (coma, espacio, guion) o por número de caracteres. Por ejemplo, dividir una columna *Nombre completo* en dos columnas: *Nombre* y *Apellido*.

Cuando los datos provienen de diferentes fuentes, es frecuente que existan registros repetidos. Power Query permite eliminarlos automáticamente en función de una o varias columnas. Por ejemplo, eliminar duplicados en la columna *ID de cliente*.

Otra acción básica consiste en **reemplazar valores** para unificar criterios. Un ejemplo sería cambiar "M" por "Masculino" o "SP" por "Sevilla" en una columna de región.

Anotación

Estas transformaciones básicas son esenciales porque convierten los datos en una tabla estructurada, sin errores y coherente, lo que garantiza la fiabilidad de cualquier análisis posterior.

B. Transformaciones avanzadas

Además de las operaciones básicas de limpieza, Power Query permite aplicar transformaciones avanzadas que aportan un mayor nivel de análisis y flexibilidad. Estas acciones son especialmente útiles cuando se trabaja con grandes volúmenes de datos o cuando se requiere integrar información procedente de distintos orígenes.

El usuario puede generar nuevas columnas a partir de cálculos o combinaciones de otras columnas existentes. La columna personalizada se crea con fórmulas en el lenguaje M (propio de Power Query).

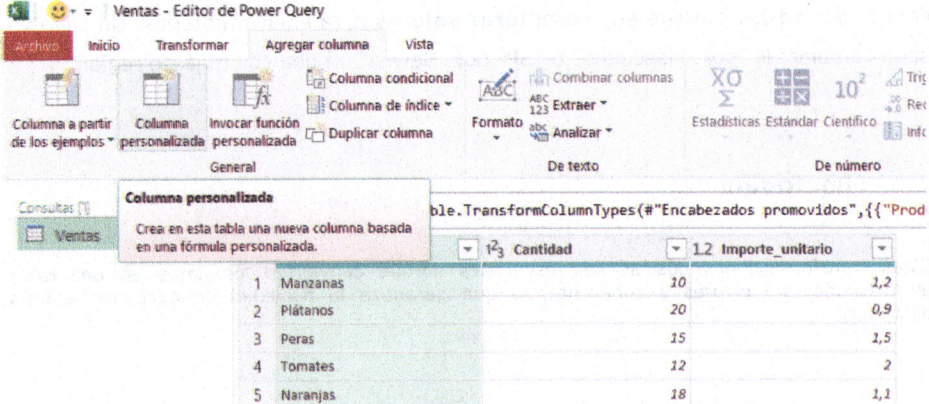

Fig. 6. La opción Columna personalizada permite crear nuevos campos a partir de cálculos definidos en el lenguaje M de Power Query

A partir de las columnas Cantidad e Importe unitario, se puede calcular una nueva columna Total venta = Cantidad × Importe unitario.

La opción **Agrupar por** permite resumir información de acuerdo con una o varias claves. Se pueden calcular sumas, promedios, recuentos o valores máximos y mínimos.

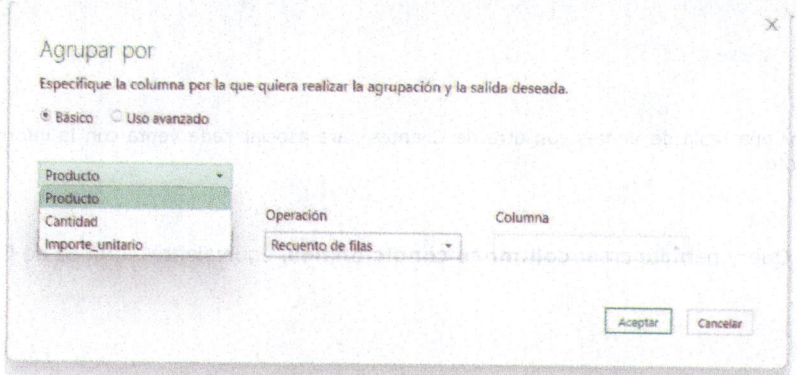

Fig. 7. La ventana Agrupar por permite resumir registros aplicando operaciones como sumas, promedios, recuentos o valores máximos y mínimos sobre una o varias columnas

Un ejemplo sería agrupar una tabla de ventas por Región para obtener el total facturado en cada una.

Otra opción es pivotar y desapivotar columnas:

- **Pivotar columnas**: transforma los valores de una columna en encabezados.
- **Desapivotar columnas**: convierte varias columnas en filas para facilitar el análisis.

Desapivotar las columnas Enero, Febrero y Marzo en una sola columna Mes, con los valores de ventas en otra columna.

Fusionar y anexar consultas (a nivel avanzado) consiste en:

- **Fusionar consultas**: une tablas por un campo común, similar a una relación en base de datos.
- **Anexar consultas**: apila los registros de varias tablas con la misma estructura.

Fusionar una tabla de Ventas con otra de Clientes para asociar cada venta con la información del cliente.

Power Query permite crear **columnas condicionales**, equivalentes a un *SI* de Excel.

Crear una columna "Clasificación" que indique "Alto" si el importe es mayor de 1000 € y "Bajo" en caso contrario.

Estas transformaciones avanzadas convierten Power Query en un auténtico **motor de preparación de datos**, capaz de consolidar, enriquecer y estructurar la información antes de ser analizada en Excel, Power Pivot o Power BI.

3. Combinar datos de diferentes orígenes

En muchos escenarios de trabajo, los datos que se necesitan para un análisis no se encuentran en un único archivo o base de datos, sino que están distribuidos en diferentes orígenes. Puede haber un listado de ventas en un archivo CSV, información de clientes en una base de datos Access y datos de productos en un libro de Excel. Para poder analizarlos de manera conjunta, es necesario combinar los datos.

Power Query facilita este proceso al permitir integrar información de distintas fuentes en un solo conjunto de datos, sin necesidad de copiar y pegar manualmente. Esta combinación puede realizarse de dos formas principales:

- **Anexar consultas**: unir varias tablas con la misma estructura, apilando sus registros uno debajo de otro.

- **Combinar consultas**: relacionar tablas distintas a través de un campo común (por ejemplo, un *ID de cliente* o un *código de producto*).

Estas dos opciones están visibles al pulsar 'Combinar':

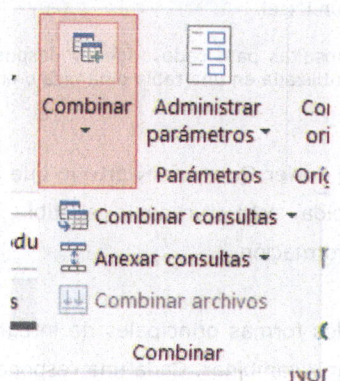

Algunas ventajas de la combinación de datos son:

- **Consolidación de información**: centraliza en un solo conjunto datos que antes estaban dispersos.
- **Automatización**: una vez definida la combinación, se puede actualizar con un solo clic cada vez que cambien los archivos o bases de datos de origen.
- **Consistencia**: evita errores que suelen aparecer cuando se combinan datos manualmente (copiar y pegar, fórmulas mal aplicadas, etc.).
- **Escalabilidad**: permite integrar datos de múltiples fuentes (archivos locales, carpetas completas, bases de datos o servicios en la nube).

Un analista necesita generar un informe de ventas que combine tres fuentes:

- Ventas mensuales en un archivo CSV.
- Información de clientes en una base de datos Access.
- Datos de productos en un Excel.

Con Power Query, se crean consultas para cada origen y después se combinan en una única tabla de análisis, lista para ser utilizada en una tabla dinámica o en Power BI.

La combinación de datos en Power Query convierte lo que antes era un proceso largo y manual en una tarea rápida, estructurada y repetible, lo que aporta fiabilidad y eficiencia al análisis de la información.

En **Power Query** existen dos formas principales de integrar información procedente de distintos orígenes: anexar y combinar. Cada una responde a necesidades diferentes dentro del análisis de datos.

A. Anexar consultas

La acción de **anexar** consiste en **unir tablas que tienen la misma estructura**, es decir, que contienen las mismas columnas o muy similares. El resultado es una única tabla que incluye todos los registros, uno debajo de otro.

Se tienen tres archivos CSV, cada uno con las ventas de enero, febrero y marzo. Al anexarlos en Power Query, se obtiene una única tabla con todas las ventas del trimestre.

B. Combinar consultas

La opción de **combinar** es equivalente a realizar un **JOIN** en bases de datos. Consiste en unir dos tablas a través de un campo común, de manera que se puedan integrar datos complementarios.

Una tabla contiene las ventas con un campo ID de cliente, y otra tabla almacena los datos de los clientes. Al combinarlas por el campo ID de cliente, se obtiene un conjunto que asocia cada venta con el nombre, dirección o sector del cliente.

En Power Query, al combinar consultas se debe elegir:

- La tabla principal.
- La tabla secundaria.
- El campo común de unión. Además, es posible seleccionar el tipo de combinación (interna, izquierda, derecha, completa), similar al manejo en SQL.

Las diferencias principales se resumen en:

Tipo de combinación	Objetivo principal	Ejemplo típico
Anexar	Unir registros de varias tablas con las mismas columnas.	Ventas mensuales en archivos separados (enero, febrero, marzo).
Combinar	Relacionar tablas distintas a través de un campo común.	Ventas + Clientes (por ID cliente).

En resumen, **anexar** se utiliza para ampliar el número de registros, mientras que **combinar** se aplica para enriquecer los datos con información adicional.

Ejemplo

Para comprender mejor cómo funciona la combinación de datos en Power Query, veamos un caso sencillo pero muy representativo.

Se dispone de dos orígenes de datos distintos:

1. Una tabla llamada Ventas, en la que se registran las operaciones realizadas (ID de cliente, fecha, producto e importe).
2. Una tabla llamada Clientes, que contiene información adicional de cada cliente (ID de cliente, nombre, ciudad y sector).

De manera aislada, la tabla de Ventas permite analizar importes y productos, pero no muestra a qué clientes corresponden esas operaciones. Para enriquecer el análisis, es necesario combinar ambas fuentes.

Los pasos en Power Query son:

1. **Cargar las tablas:** Desde Datos → Obtener datos, se importa primero la tabla de Ventas y después la de Clientes. Ambas quedan disponibles como consultas en el Editor de Power Query.
2. **Seleccionar la tabla principal:** Se elige la consulta Ventas como tabla principal, ya que es la que contiene los registros de transacciones.
3. **Aplicar la combinación:** En el menú Inicio → Combinar consultas, se selecciona la tabla Clientes. Se indica el campo común para la unión: ID de cliente.
4. **Expandir los datos:** Tras combinar, aparece una nueva columna que contiene una tabla anidada. Con la opción de expandir, se seleccionan las columnas deseadas de la tabla Clientes (ejemplo: Nombre y Ciudad).

El resultado es una única tabla en la que cada registro de venta incluye ahora información del cliente correspondiente. Esto permite, por ejemplo:

- Analizar las ventas por ciudad.
- Comparar los importes según el sector de clientes.
- Preparar un informe cruzado con productos y localizaciones.

Este ejemplo ilustra cómo Power Query convierte un conjunto de datos incompleto en una base enriquecida y lista para análisis. Gracias a la combinación, ya no se trabaja con tablas aisladas, sino con una estructura integrada que facilita informes más completos.

4. Cargar la consulta de Excel

Una vez conectados, transformados o combinados los datos en **Power Query**, llega el momento de decidir dónde cargar la consulta. Este paso es clave porque determina cómo se van a utilizar los datos en Excel o en otras herramientas de análisis.

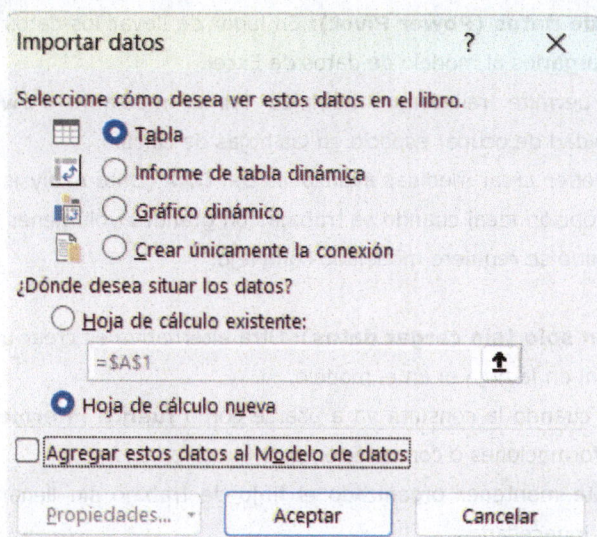

Fig. 8. Al finalizar la consulta en Power Query, el cuadro Importar datos permite elegir si la información se carga como tabla, informe de tabla dinámica, gráfico dinámico o solo como conexión

Power Query ofrece tres destinos principales de carga:

1. **Hoja de cálculo de Excel:** Los datos pueden cargarse directamente en una tabla dentro de una hoja de Excel.

   - Es la opción más utilizada cuando se requiere un análisis inmediato en tablas y gráficos dinámicos.

   - Los datos aparecen como una tabla vinculada, que puede actualizarse fácilmente con un clic.

   - Adecuado para informes pequeños o medianos.

Fig. 9. Los datos cargados desde Power Query aparecen en Excel como una tabla vinculada, actualizable en cualquier momento

2. **Modelo de datos (Power Pivot):** En lugar de llevar los datos a una hoja, es posible cargarlos al modelo de datos de Excel.
   o Esto permite relacionar múltiples tablas mediante **Power Pivot**, sin necesidad de ocupar espacio en las hojas de cálculo.
   o Se pueden crear medidas avanzadas con **DAX** (Data Analysis Expressions).
   o Es la opción ideal cuando se trabaja con grandes volúmenes de información o cuando se requiere modelado complejo.

3. **Conexión solo (sin cargar datos):** Otra alternativa es crear una consulta sin cargarla ni en la hoja ni en el modelo.
   o Sirve cuando la consulta va a usarse como **fuente intermedia** para otras transformaciones o combinaciones.
   o Permite mantener organizado el flujo de trabajo sin llenar el archivo de datos innecesarios.
   o Útil para preparar pasos de limpieza que alimentarán otras consultas finales.

Ejemplo

Un analista necesita generar un informe de ventas con clientes y productos. Crea varias consultas en Power Query para limpiar y combinar los datos, pero solo carga la consulta final al modelo de datos de Excel. Las consultas intermedias quedan guardadas como conexiones solo, reduciendo el peso del archivo.

Elegir correctamente el destino de carga es esencial: tabla en hoja para análisis simples, modelo de datos para análisis avanzados, y solo conexión cuando se preparan pasos intermedios que alimentarán a consultas finales.

Una vez elegidos los destinos posibles, Power Query ofrece distintas opciones de configuración para definir cómo se cargará la información en Excel. Esto se hace a través del cuadro de diálogo "Cargar en", que aparece al finalizar la edición de la consulta o desde el menú contextual de la misma.

1. **Cargar como tabla en hoja de cálculo:**
   - Los datos se insertan en una hoja de Excel en forma de tabla vinculada.
   - Se pueden utilizar directamente en tablas dinámicas o gráficos dinámicos.
   - Opción ideal cuando los datos son de tamaño moderado y se requiere interacción rápida en la hoja.

2. **Cargar al modelo de datos:**
   - Los datos no aparecen en una hoja, sino en el modelo de datos de Excel, que es un espacio de almacenamiento interno.
   - Permite trabajar con Power Pivot, establecer relaciones entre tablas y usar medidas avanzadas con DAX.
   - Muy útil para manejar grandes volúmenes de información sin saturar las hojas.

3. **Crear solo conexión:**
   - Los datos no se muestran en ninguna parte, pero la consulta queda registrada y puede usarse como **fuente para otras consultas**.
   - Reduce el peso del archivo, ya que no se duplican datos innecesarios.
   - Especialmente útil cuando se trabaja con varias consultas intermedias que luego se combinan en una consulta final.

4. **Personalización adicional:** En esta configuración también es posible decidir:
   - **Ubicación**: elegir si la tabla se carga en una hoja nueva o en una hoja existente.
   - **Actualización**: marcar la casilla para actualizar los datos al abrir el archivo.
   - **Carga múltiple**: enviar simultáneamente la consulta tanto a una hoja como al modelo de datos.

Ejemplo

Una empresa de logística trabaja con miles de registros diarios de pedidos. El analista define las consultas en Power Query y configura la carga de esta forma:

- Los datos limpios de Pedidos diarios se cargan al modelo de datos.
- Las consultas auxiliares (clientes, rutas, productos) quedan como solo conexión.
- El informe final se construye con tablas dinámicas, sin sobrecargar la hoja de cálculo con miles de filas visibles.

La configuración de carga permite adaptar el uso de Power Query a cada escenario: desde informes simples en una hoja, hasta modelos complejos y optimizados con múltiples tablas relacionadas.

Una de las mayores ventajas de trabajar con **Power Query** es que los pasos de conexión y transformación no tienen que repetirse manualmente cada vez que cambian los datos de origen. Excel guarda la consulta como un conjunto de instrucciones y permite **actualizarla automáticamente**, lo que convierte el proceso en un flujo de trabajo dinámico y eficiente.

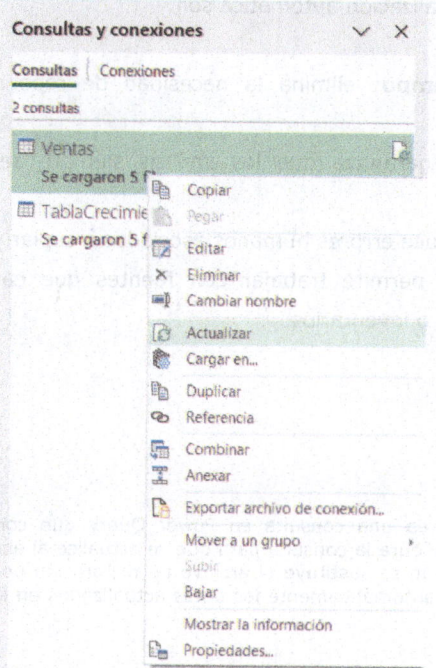

Fig. 9. En el panel Consultas y conexiones, la opción Actualizar permite volver a ejecutar todos los pasos definidos en Power Query para mantener los datos al día

Existen varias formas de actualizar las consultas:

1. **Actualización manual**: Desde la pestaña **Datos → Actualizar todo**, se recargan los datos de todas las consultas del libro. También puede actualizarse una sola consulta con el menú contextual (*clic derecho → Actualizar*).

2. **Actualización al abrir el archivo**: En las propiedades de la consulta, es posible marcar la opción **"Actualizar al abrir el archivo"**. Esto garantiza que siempre se muestren los datos más recientes al empezar a trabajar.

3. **Actualización programada (conexión a bases de datos o nube)**: En entornos empresariales, las consultas pueden configurarse para actualizarse de manera periódica si están vinculadas a servicios como **SharePoint** o **Power BI Service**. En estos casos, los datos se sincronizan automáticamente con la frecuencia definida por el administrador.

Las ventajas de la actualización automática son:

- **Ahorro de tiempo**: elimina la necesidad de repetir tareas manuales de importación.
- **Consistencia**: garantiza que los análisis siempre se realicen sobre datos actualizados.
- **Fiabilidad**: reduce errores humanos asociados a copiar y pegar información.
- **Escalabilidad**: permite trabajar con fuentes que cambian a diario, como ventas, pedidos o inventarios.

Un analista financiero crea una consulta en Power Query que conecta con un archivo de facturación mensual. Configura la consulta para que se actualice al abrir el archivo de Excel. De esta manera, cada vez que se sustituye el archivo de facturación por uno nuevo en la misma carpeta, Excel incorpora automáticamente los datos actualizados en los informes sin necesidad de repetir el proceso

El verdadero valor de Power Query está en su capacidad de **automatizar procesos**. Una vez diseñadas las consultas, basta con pulsar *Actualizar* o programar la actualización para mantener los datos siempre al día.

Resumen

Power Query es una herramienta integrada en Excel que permite conectar, importar, limpiar y transformar datos de diferentes fuentes, como archivos locales, bases de datos o servicios en la nube. Su principal ventaja es que no genera copias estáticas, sino conexiones dinámicas que se actualizan de forma automática, garantizando que la información utilizada en los análisis siempre esté vigente.

El proceso comienza con la conexión a los orígenes de datos, lo cual puede hacerse desde archivos CSV, TXT, Excel, XML o JSON, bases de datos como SQL Server o Access, e incluso plataformas online como SharePoint o Azure. Una vez establecida la conexión, los datos se visualizan en el Editor de consultas, donde se pueden aplicar diferentes transformaciones antes de cargarlos en Excel.

Las transformaciones de datos son esenciales para limpiar y preparar la información. Entre las básicas se encuentran asignar tipos de datos correctos, eliminar columnas o filas innecesarias, filtrar registros, dividir columnas, eliminar duplicados o reemplazar valores. También existen transformaciones avanzadas, como crear columnas calculadas con el lenguaje M, agrupar registros, pivotar o desapivotar columnas, fusionar o anexar tablas, y generar columnas condicionales. Todas las acciones quedan registradas como pasos dentro de la consulta, lo que permite repetir el proceso automáticamente al actualizar la fuente.

Otra función clave de Power Query es la combinación de datos. Esta puede hacerse mediante la acción de anexar, que une tablas con la misma estructura para aumentar el número de registros, o mediante la combinación, que relaciona tablas distintas a través de un campo común, enriqueciendo la información disponible. De esta forma, se logra consolidar en un único entorno datos que antes estaban dispersos.

Una vez transformada y organizada la información, Power Query permite decidir el destino de carga: en una tabla dentro de una hoja de cálculo, en el modelo de datos de Excel (Power Pivot) para manejar grandes volúmenes de información, o como conexión solo, útil en consultas intermedias que sirven de base para otras. Estas opciones hacen posible adaptar el flujo de trabajo a diferentes necesidades, desde informes sencillos hasta modelos analíticos complejos.

Finalmente, Power Query destaca por su capacidad de automatización y actualización. Los pasos de conexión y transformación no deben repetirse manualmente, ya que Excel guarda las consultas y permite refrescarlas con un clic o incluso configurarlas para actualizarse automáticamente al abrir el archivo. Esto aporta eficiencia, fiabilidad y escalabilidad, especialmente en entornos donde los datos cambian con frecuencia, como ventas, pedidos o inventarios.

Glosario

Actualizar al abrir

Propiedad de una consulta que permite refrescar los datos automáticamente cada vez que se abre el archivo de Excel.

Actualizar consultas

Proceso mediante el cual se recargan los datos en Excel aplicando automáticamente todos los pasos definidos en Power Query, garantizando que la información se mantenga al día.

Conexión solo

Opción de carga en la que los datos no se muestran en ninguna hoja ni en el modelo de datos, pero quedan disponibles como fuente para otras consultas o combinaciones.

Cuadro "Cargar en"

Ventana de configuración de Power Query que permite elegir el destino de la consulta (tabla, modelo de datos o conexión).

Modelo de datos (Power Pivot)

Espacio de almacenamiento interno en Excel que permite manejar grandes volúmenes de información, crear relaciones entre tablas y aplicar cálculos avanzados con DAX.

Tabla en hoja de cálculo

Destino de carga en el que los datos procesados en Power Query se insertan directamente en una hoja de Excel como una tabla vinculada y actualizable.

Ejercicios de autoevaluación

1. **¿Qué ocurre cuando se carga una consulta en una hoja de cálculo?**

   a. Los datos se guardan como archivo independiente.

   b. Los datos se muestran como tabla vinculada en Excel.

   c. Los datos se convierten en gráfico automáticamente.

   d. Los datos se borran del origen.

2. **¿Qué ventaja tiene cargar los datos al modelo de datos de Excel?**

   a. Ocupa menos memoria en la hoja de cálculo.

   b. Permite crear gráficos sin tablas dinámicas.

   c. Solo sirve para bases de datos pequeñas.

   d. Permite relacionar tablas y usar medidas con DAX.

3. **¿Qué opción se debe elegir si no se quieren mostrar los datos, pero sí utilizarlos en otras consultas?**

   a. Cargar en modelo de datos.

   b. Solo crear conexión.

   c. Cargar como tabla.

   d. Exportar a CSV.

4. **¿Dónde se decide la forma en que se cargará una consulta?**

   a. En el panel de fórmulas.

   b. En la hoja de cálculo directamente.

   c. En el menú de segmentaciones.

   d. En el cuadro de diálogo "Cargar en".

5. ¿Qué sucede al cargar datos como tabla en Excel?

    a. Se insertan en una hoja como tabla dinámica vinculada a Power Query.

    b. Los datos quedan fijos y no se pueden actualizar.

    c. Solo se muestra la primera fila.

    d. Se pierden los pasos de transformación.

6. ¿Qué opción es más adecuada para manejar grandes volúmenes de información sin saturar la hoja?

    a. Cargar como tabla.

    b. Solo crear conexión.

    c. Cargar al modelo de datos.

    d. Exportar a Access.

7. ¿Cuál es la principal ventaja de "Solo crear conexión"?

    a. Exporta datos automáticamente a Power BI.

    b. Permite usar consultas como pasos intermedios sin cargar datos en hojas.

    c. Oculta los datos para mayor seguridad.

    d. Convierte todos los datos en formato texto.

8. ¿Qué se puede configurar en la opción de carga?

    a. Solo el formato de celda.

    b. Destino, ubicación y si se actualiza al abrir.

    c. El color de las filas.

    d. Los permisos de los usuarios.

9. **¿Qué opción permite que los datos se refresquen automáticamente al abrir el archivo de Excel?**

   a. Cargar como tabla.
   b. Modelo de datos.
   c. Actualizar al abrir.
   d. Solo crear conexión.

10. **¿Qué función tiene el botón "Actualizar todo" en la pestaña Datos?**

   a. Refresca los datos de todas las consultas del libro.
   b. Elimina todas las consultas.
   c. Combina automáticamente todas las tablas.
   d. Cambia los formatos de los campos.

U. A. 4. Aprendizaje del uso de Power Pivot. Modelado de datos y análisis

Introducción

Power Pivot amplía la capacidad analítica de Excel al permitir trabajar con modelos de datos avanzados. A través de esta herramienta se pueden establecer relaciones entre diferentes tablas, crear medidas con lenguaje DAX (Data Analysis Expressions) y definir indicadores clave de rendimiento (KPI). Esto convierte a Excel en un verdadero entorno de inteligencia de negocio, capaz de manejar grandes volúmenes de datos y generar análisis sofisticados con rapidez.

Objetivos

- Construir modelos de datos mediante relaciones entre tablas.
- Utilizar DAX para crear cálculos y medidas personalizadas.
- Implementar indicadores clave (KPI) y jerarquías para optimizar el análisis.

1. Crear relaciones entre tablas

En el análisis de datos, no siempre toda la información está contenida en una única tabla. Es habitual que los datos estén distribuidos en varias tablas: por ejemplo, una tabla con *ventas*, otra con *clientes* y otra con *productos*. Para poder analizarlos de manera conjunta en un modelo, es necesario establecer relaciones entre tablas.

En Power Pivot, una relación conecta dos tablas mediante un campo común (también llamado *clave*). Este campo debe contener valores coincidentes en ambas tablas, como un *ID de cliente* o un *código de producto*. Gracias a esta relación, Excel puede cruzar datos de diferentes orígenes y tratarlos como si pertenecieran a un único conjunto.

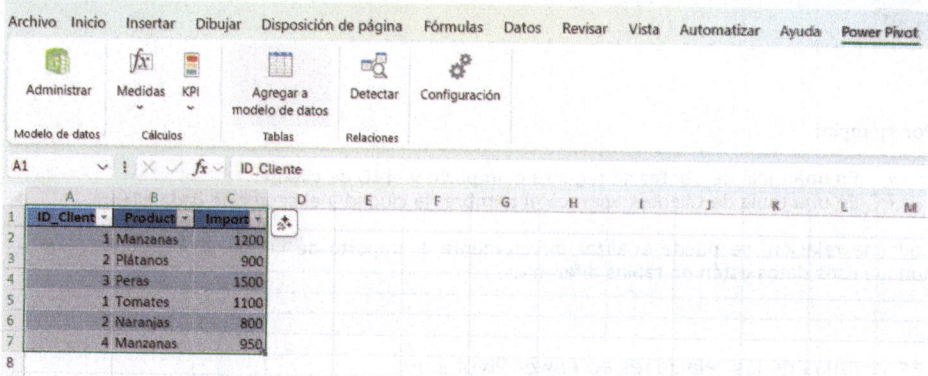

Fig. 1. Desde la pestaña Power Pivot, la opción Agregar a modelo de datos permite incorporar una tabla al modelo para establecer relaciones entre campos comunes

En una tabla dinámica tradicional, los datos provienen de una sola tabla o de una fuente ya consolidada. En cambio, Power Pivot permite trabajar con **múltiples tablas relacionadas**, evitando la necesidad de duplicar información o crear tablas gigantescas.

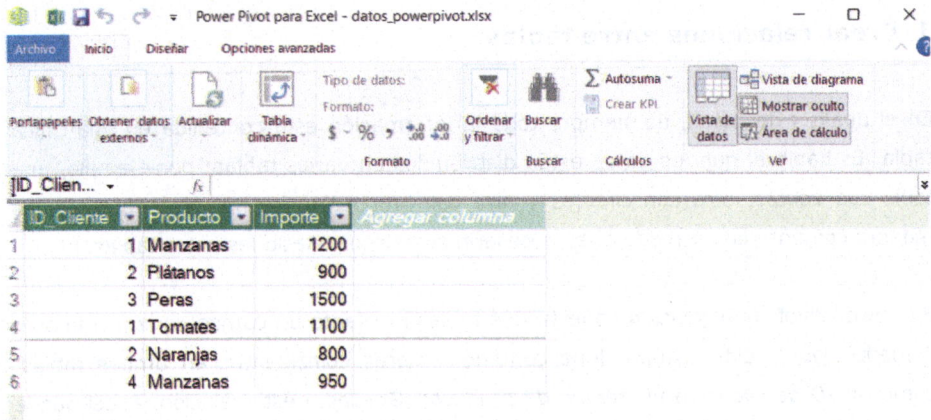

Fig. 2. La ventana de Power Pivot muestra las tablas cargadas en el modelo de datos, listas para relacionarse y analizarse conjuntamente

 **Ejemplo**

Por ejemplo:

- En una tabla de Ventas se registra el importe y el ID de cliente.
- En una tabla de Clientes aparece el nombre, la ciudad y el sector de cada cliente.

Con una relación, se puede analizar directamente el importe de ventas por ciudad o sector, aunque esos datos estén en tablas diferentes.

Las ventajas de las relaciones en Power Pivot son:

- **Eficiencia**: se evitan duplicaciones de datos en un mismo archivo.
- **Escalabilidad**: permite integrar información de muchas tablas sin necesidad de combinarlas manualmente.
- **Flexibilidad**: el usuario puede analizar los datos desde diferentes perspectivas cruzando información de tablas distintas.
- **Fiabilidad**: mantiene la coherencia, ya que cada tabla conserva su propia información, pero se vincula con las demás a través de claves.

Anotación

En Power Pivot, el modelo de datos actúa como una base de datos relacional dentro de Excel, donde las relaciones son el puente que une la información dispersa en distintas tablas.

En el **modelo de datos de Power Pivot**, las relaciones permiten vincular tablas a través de un campo común. Sin embargo, estas relaciones tienen ciertas características y limitaciones que es importante comprender antes de utilizarlas.

A. Relación uno a varios (1:N)

Es el tipo de relación más frecuente en Power Pivot.

- Una tabla contiene un campo con valores **únicos** (llave primaria).
- Otra tabla contiene ese mismo campo con valores que pueden **repetirse** (llave externa).
- La relación permite cruzar los datos entre ambas.

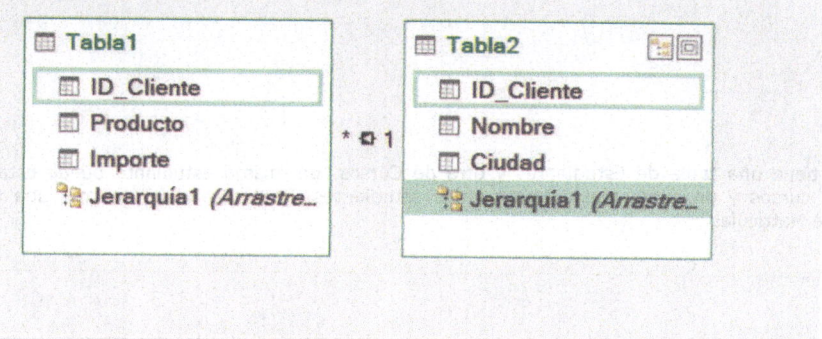

Fig. 3. La vista de diagrama en Power Pivot muestra la relación entre tablas a través de un campo común, como el ID de cliente

La tabla Clientes tiene un campo ID de cliente único para cada persona.
La tabla Ventas contiene un campo ID de cliente que se repite cada vez que ese cliente realiza una compra.
La relación 1:N permite calcular las ventas totales por cliente.

B. Relación varios a uno (N:1)

Aunque el enfoque es el mismo, se suele describir en sentido inverso. La tabla que contiene los valores repetidos (ventas) apunta a la tabla con valores únicos (clientes). En la práctica, Power Pivot solo permite este tipo de relaciones (1:N o N:1).

B. Relaciones muchos a muchos (N:N)

Power Pivot no soporta directamente relaciones muchos a muchos. Cuando se da este caso, es necesario introducir una tabla intermedia que actúe como puente.

Si se tiene una tabla de Estudiantes y otra de Cursos, un mismo estudiante puede estar en varios cursos y un curso puede tener varios estudiantes. Para resolverlo, se crea una tabla puente Matrículas.

C. Relaciones uno a uno (1:1)

En Power Pivot no suelen utilizarse, ya que en la práctica es más eficiente integrar los campos en una sola tabla.

Resumen

Power Pivot trabaja principalmente con relaciones uno a varios (1:N), que son suficientes para la mayoría de escenarios de negocio. Para casos más complejos (N:N), se requiere crear tablas puente que permitan mantener la coherencia del modelo.

En **Power Pivot**, crear una relación entre tablas es un proceso intuitivo, similar al que se utiliza en bases de datos relacionales. El objetivo es vincular dos tablas a través de un campo común (clave) para que los datos puedan analizarse de manera conjunta.

Los pasos para crear una relación en Power Pivot son:

1. **Acceder al modelo de datos:**
   - Desde Excel, ir a la pestaña **Power Pivot → Administrar**.
   - Se abre la ventana de Power Pivot, donde se visualizan todas las tablas cargadas.

2. **Abrir la vista de diagrama:**
   - En la ventana de Power Pivot, seleccionar **Vista de diagrama**.
   - Aquí aparecen todas las tablas como rectángulos, con sus campos listados en columnas.

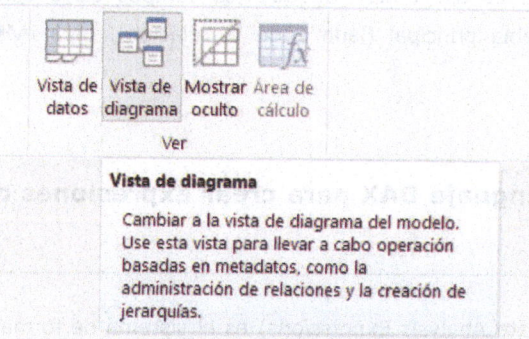

Fig. 4. La opción Vista de diagrama permite administrar relaciones entre tablas y crear jerarquías dentro del modelo de datos

3. **Arrastrar el campo común:**
   o Identificar el campo que actúa como clave en cada tabla (por ejemplo, **ID de cliente**).
   o Arrastrar el campo de una tabla y soltarlo sobre el campo correspondiente de la otra tabla.

4. **Confirmar la relación:**
   o Power Pivot genera automáticamente la relación 1:N, mostrando una línea que une ambas tablas.
   o Si el campo no coincide en tipo de datos o contiene duplicados donde no corresponde, aparecerá un error y será necesario corregir los datos en Power Query.

Ejemplo

Supongamos que se trabaja con dos tablas:

- **Ventas:** contiene las columnas ID cliente, Producto, Importe.
- **Clientes**: contiene las columnas ID cliente, Nombre, Ciudad.

Al relacionar ambas por el campo ID cliente, es posible crear una tabla dinámica que muestre el importe total de ventas por ciudad, aunque la información de ciudad no esté en la tabla de Ventas.

Una buena práctica es asegurarse de que los campos clave estén limpios y sin duplicados en la tabla principal (lado 1 de la relación), para evitar errores en el modelo.

2. Utilizar el lenguaje DAX para crear expresiones de análisis de datos

El lenguaje DAX (Data Analysis Expressions) es el sistema de fórmulas y expresiones utilizado en Power Pivot, Power BI y Analysis Services para realizar cálculos avanzados sobre los datos del modelo. Su función es similar a las fórmulas de Excel, pero está diseñado específicamente para trabajar con tablas relacionadas y grandes volúmenes de información.

DAX permite crear columnas calculadas, medidas y tablas calculadas que enriquecen el análisis de datos. La clave está en que sus expresiones no solo operan sobre una celda, sino sobre conjuntos de datos, respetando el contexto de filtrado aplicado en tablas dinámicas, segmentaciones o gráficos.

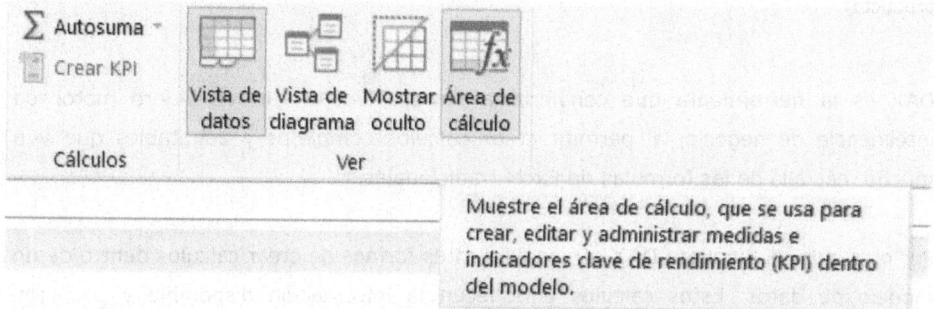

Fig. 5. La opción Área de cálculo habilita el espacio donde se crean y administran medidas o KPI mediante expresiones DAX

Las características principales de DAX son:

- **Sintaxis similar a Excel**: muchas funciones son familiares (SUM, AVERAGE, IF), lo que facilita su aprendizaje a usuarios de Excel.
- **Orientado a modelos de datos**: trabaja con relaciones entre tablas, lo que le da más potencia que las fórmulas tradicionales de Excel.
- **Contexto dinámico**: los cálculos se ajustan automáticamente según filtros y segmentaciones aplicados.
- **Escalabilidad**: está optimizado para manejar millones de registros sin pérdida de rendimiento.

Supongamos que se quiere calcular el total de ventas en el modelo. En Excel tradicional, habría que crear una columna de cálculo o aplicar la función SUMA sobre un rango. En cambio, en DAX se puede crear una medida llamada Ventas Totales con la fórmula:

=SUM(Ventas[Importe])

Esta medida se puede usar en cualquier tabla dinámica o gráfico dinámico, y se adaptará automáticamente al contexto aplicado (por ejemplo, ventas por año, por cliente o por producto).

DAX es la herramienta que convierte a Power Pivot en un verdadero motor de inteligencia de negocio, al permitir crear cálculos complejos y adaptables que van mucho más allá de las fórmulas de Excel tradicionales.

Por otro lado, el lenguaje **DAX** ofrece diferentes formas de crear cálculos dentro de un modelo de datos. Estos cálculos enriquecen la información disponible y permiten responder a preguntas que no pueden resolverse únicamente con los datos en bruto.

En Power Pivot, las expresiones básicas de DAX se dividen principalmente en **medidas** y **columnas calculadas**.

A. Medidas

Una **medida** es un cálculo que se evalúa en función del **contexto de filtrado** de la tabla dinámica o el gráfico dinámico donde se use. No ocupa espacio adicional en la tabla de datos, ya que el cálculo se hace en tiempo real.

Calcular el total de ventas con la medida:
Ventas Totales = SUM(Ventas[Importe])

Al usar esta medida en una tabla dinámica, se adaptará automáticamente según el filtro aplicado (por año, producto, región, etc.).

B. Columnas calculadas

Una **columna calculada** genera un nuevo campo dentro de una tabla, aplicando una fórmula DAX a cada fila. A diferencia de las medidas, el cálculo se almacena y ocupa espacio en el modelo.

Ejemplo

Calcular el importe total de cada línea de venta con la fórmula:
Ventas[Total] = Ventas[Cantidad] * Ventas[PrecioUnitario]

Esto añade una columna *Total* en la tabla *Ventas*, con el resultado para cada registro.

C. Funciones más comunes en DAX

El lenguaje DAX incluye cientos de funciones, muchas de ellas similares a las de Excel. Entre las más usadas en un nivel básico están:

- **SUM()** → suma de valores.
- **AVERAGE()** → promedio.
- **COUNT()** → recuento de registros.
- **DISTINCTCOUNT()** → recuento de valores únicos.
- **IF()** → condición lógica.
- **RELATED()** → permite traer un valor desde una tabla relacionada.

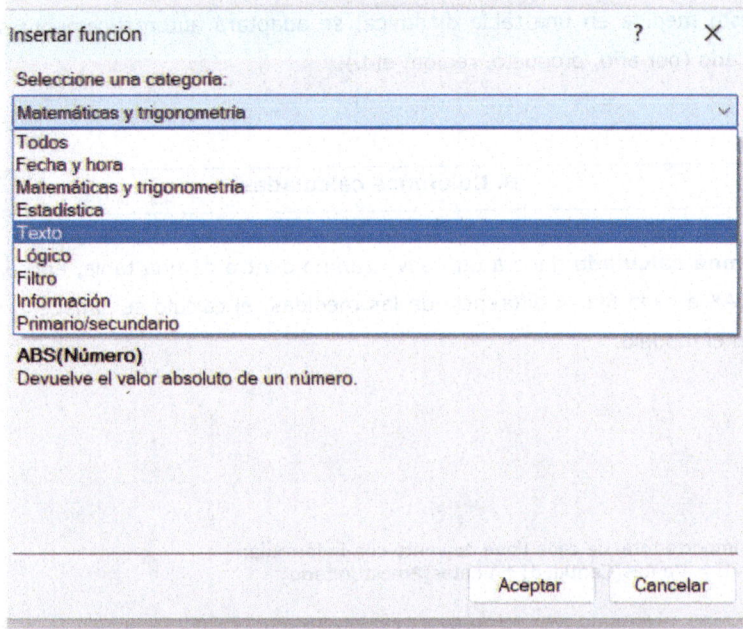

Fig. 6. El cuadro Insertar función permite seleccionar entre distintas categorías de funciones DAX, como matemáticas, estadísticas, de texto o lógicas, para crear medidas personalizadas

Obtener el promedio de ventas con:
Promedio Ventas = AVERAGE(Ventas[Importe])

Como regla general:

- Usa **medidas** para cálculos agregados en informes.
- Usa **columnas calculadas** cuando necesites un nuevo campo que forme parte del modelo.

D. Expresiones avanzadas en DAX

Además de las funciones básicas, el lenguaje **DAX** ofrece un conjunto de expresiones avanzadas que permiten realizar cálculos más sofisticados. Estas se apoyan en el concepto de **contexto**, uno de los pilares fundamentales de DAX, y en funciones diseñadas para trabajar con tiempo, filtros y relaciones entre tablas.

Con respecto al contexto de fila y contexto de filtro:

- **Contexto de fila**: se aplica cuando un cálculo se evalúa para cada registro individual de la tabla (por ejemplo, en una columna calculada).
- **Contexto de filtro**: se activa cuando una medida se calcula considerando los filtros o segmentaciones aplicados en la tabla dinámica o gráfico dinámico.

Anotación

La potencia de DAX radica en combinar ambos contextos: una misma medida puede devolver resultados diferentes dependiendo de los filtros aplicados en el análisis.

E. Funciones de filtrado

DAX permite manipular el contexto de filtro para crear cálculos más flexibles:

- **CALCULATE()**: cambia o redefine el contexto de un cálculo.
  Ejemplo: Ventas 2024 = CALCULATE(SUM(Ventas[Importe]), Ventas[Año] = 2024) → Calcula las ventas únicamente para el año 2024.
- **FILTER()**: devuelve una tabla filtrada que puede usarse dentro de otras funciones.

F. Funciones de inteligencia de tiempo

Las **funciones de tiempo** en DAX permiten realizar análisis temporales con fechas, como comparar periodos o calcular acumulados.

Algunas de las más usadas son:

- **TOTALYTD()**: calcula el total acumulado en el año hasta la fecha actual.
- **SAMEPERIODLASTYEAR()**: devuelve el mismo periodo del año anterior.
- **DATEADD()**: desplaza un rango de fechas hacia adelante o atrás.

 Ejemplo

Ventas LY = CALCULATE(SUM(Ventas[Importe]), SAMEPERIODLASTYEAR(Calendario[Fecha]))
→ Compara las ventas actuales con las del mismo periodo del año anterior.

G. Funciones de relación

DAX incluye funciones que permiten trabajar directamente con varias tablas relacionadas:

- **RELATED()**: trae un valor de una tabla relacionada.
- **RELATEDTABLE()**: devuelve todas las filas de una tabla relacionada.

 Ejemplo

En una tabla de ventas, usar RELATED(Clientes[Ciudad]) para añadir la ciudad del cliente a cada registro de venta.

El verdadero poder de DAX aparece cuando se usan funciones de filtrado e inteligencia de tiempo. Estas permiten crear indicadores como ventas acumuladas, comparativas con el año anterior o análisis bajo diferentes escenarios de negocio.

3. Crear indicadores clave de rendimiento (KPI)

Un KPI (Key Performance Indicator) o Indicador Clave de Rendimiento es una métrica utilizada para medir el grado de cumplimiento de un objetivo concreto dentro de una organización. Los KPI no son simples números, sino indicadores estratégicos que permiten evaluar si una empresa, un departamento o un proceso está funcionando de acuerdo con lo planificado.

En el contexto de Power Pivot, los KPI se crean a partir de medidas DAX ya definidas en el modelo de datos. Sobre estas medidas se establecen:

- **Un objetivo o meta**: puede ser un valor fijo (ejemplo: alcanzar 1 millón en ventas) o dinámico (ejemplo: superar el promedio del año anterior).
- **Un valor actual**: corresponde al cálculo de la medida en un contexto dado (ventas actuales, beneficio actual, etc.).
- **Umbrales de estado**: determinan si el indicador está por debajo, en línea o por encima del objetivo, normalmente representados con colores o iconos (rojo, amarillo y verde).

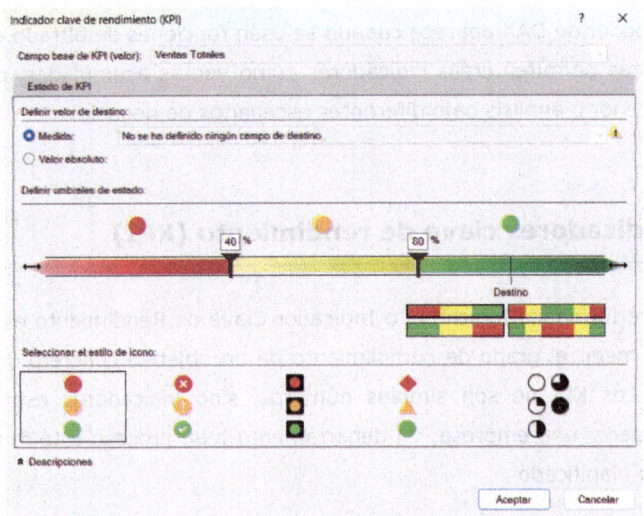

*Fig. 7. La configuración de un KPI en Power Pivot permite definir objetivos, umbrales de estado
y estilos de iconos para evaluar el rendimiento de una medida*

En una empresa de retail, se define un KPI para evaluar el rendimiento de las ventas
mensuales:

- Medida base: Ventas actuales = SUM(Ventas[Importe]).
- Objetivo: superar 100.000 € al mes.
- Estado:
  o Rojo si está por debajo del 80% del objetivo.
  o Amarillo si está entre el 80% y el 100%.
  o Verde si alcanza o supera el 100%.

De este modo, en un informe con tablas dinámicas, los responsables pueden identificar
rápidamente qué regiones cumplen los objetivos y cuáles necesitan medidas correctivas.

Los **KPI** permiten transformar cálculos numéricos en indicadores visuales de
rendimiento, facilitando la interpretación rápida y la toma de decisiones basada en
datos.

En Power Pivot, los KPI se construyen sobre una medida DAX existente que servirá como base del indicador. A partir de esta medida, se definen un objetivo y los umbrales que marcan si el rendimiento es bajo, aceptable o alto.

Los pasos para crear un KPI en Power Pivot son:

1. **Definir la medida base:**
   o En la ventana de Power Pivot, crear una medida con DAX que represente el valor que se desea evaluar.
   o Ejemplo: Ventas Totales = SUM(Ventas[Importe])

2. **Acceder al asistente de KPI:**
   o Seleccionar la medida creada en la lista de campos de Power Pivot.
   o En la pestaña **Cálculos**, hacer clic en **KPI → Crear KPI**.
   o Se abre el cuadro de diálogo de configuración.

3. **Definir el objetivo:**
   o El objetivo puede ser:
     - Una **medida existente** (por ejemplo, Ventas del año pasado).
     - Un **valor absoluto** (ejemplo: 100.000 € mensuales).

4. **Configurar los umbrales de estado:**
   o Establecer valores que definan cuándo el rendimiento es:
     - **Insuficiente (rojo).**
     - **Aceptable (amarillo).**
     - **Óptimo (verde).**
   o Se pueden ajustar arrastrando los deslizadores en la interfaz o introduciendo valores manualmente.

5. **Guardar y usar el KPI:**
   o Una vez creado, el KPI aparece como un campo adicional en el modelo de datos.
   o Puede insertarse en tablas dinámicas, mostrando no solo el valor de la medida, sino también el estado visual asociado.

Ejemplo

Una empresa define un KPI sobre la medida Margen de beneficio:

- Objetivo: mantener un margen mínimo del 25%.
- Configuración:
    o Rojo si el margen < 20%.
    o Amarillo si el margen está entre 20% y 25%.
    o Verde si el margen ≥ 25%.

Esto permite detectar rápidamente qué productos o regiones no alcanzan el margen esperado.

Un KPI en Power Pivot no sustituye a la medida original, sino que la complementa añadiendo una dimensión visual y estratégica que facilita la interpretación del rendimiento.

Una vez creado un KPI en Power Pivot, su verdadero valor se aprecia al integrarlo en informes con tablas dinámicas o gráficos dinámicos. Los KPI no solo muestran el valor numérico de la medida base, sino que añaden un indicador visual que facilita la interpretación rápida de los resultados.

En una tabla dinámica, al insertar un KPI se visualizan:

- **El valor actual de la medida base** (ejemplo: ventas totales).
- **El valor objetivo**, si se configuró para mostrarse.
- **El estado del KPI**, representado normalmente con colores o iconos (rojo, amarillo, verde).

De este modo, un informe de ventas por región no solo muestra las cifras alcanzadas, sino también si cada región está cumpliendo, acercándose o incumpliendo el objetivo.

En los **gráficos dinámicos**, los KPI pueden visualizarse mediante barras o columnas acompañadas de colores o indicadores de estado. Esta forma de presentación es muy útil para informes ejecutivos, ya que convierte cifras numéricas en mensajes claros y visuales.

Ejemplo

Un gráfico de columnas que muestre el margen de beneficio por producto, con colores que indiquen si el margen supera (verde), iguala (amarillo) o no alcanza (rojo) el objetivo definido.

Se describe la interpretación de los KPI:

- **Verde**: el objetivo se ha cumplido o superado.
- **Amarillo**: el rendimiento está próximo al objetivo, pero no lo alcanza totalmente.
- **Rojo**: el valor está por debajo del umbral definido y requiere atención.

Esta codificación visual simplifica la comunicación, permitiendo a los directivos detectar rápidamente las áreas críticas sin necesidad de revisar grandes volúmenes de datos.

Anotación

La visualización de KPI convierte los informes en herramientas de toma de decisiones estratégica, ya que resaltan de inmediato dónde se cumple el plan y dónde es necesario actuar.

4. Crear perspectivas para la navegación por conjuntos de datos

En modelos de datos complejos creados con Power Pivot, es habitual trabajar con múltiples tablas, relaciones, medidas y KPI. Aunque esta riqueza de información es muy útil para los analistas, puede resultar abrumadora para los usuarios finales que solo necesitan consultar una parte del modelo.

Para resolver este problema, Power Pivot permite crear perspectivas. Una perspectiva es una vista personalizada del modelo de datos, en la que se muestran únicamente las tablas, campos y medidas que son relevantes para un determinado análisis o grupo de usuarios.

De este modo, las perspectivas funcionan como un filtro de navegación, simplificando la experiencia sin alterar el modelo de datos original.

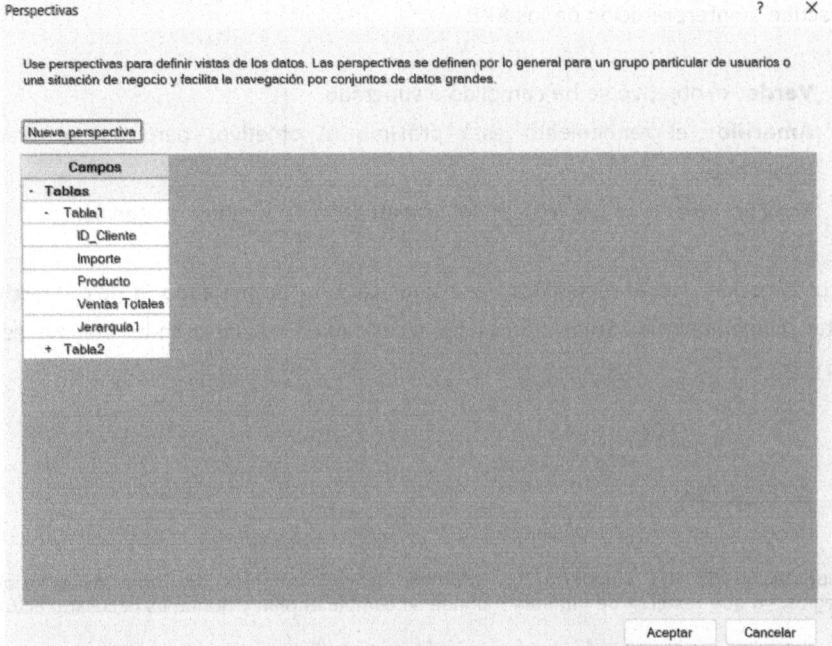

Fig. 8. Las perspectivas en Power Pivot permiten definir vistas reducidas del modelo de datos para facilitar la navegación de los usuarios

Las características de las perspectivas son:

- **No crean un modelo nuevo**: son solo una vista parcial del modelo existente.
- **Personalización**: cada perspectiva puede adaptarse a un área concreta (ventas, finanzas, logística, etc.).
- **Facilidad de uso**: ocultan elementos innecesarios, haciendo que los informes sean más manejables.
- **Seguridad indirecta**: aunque no sustituyen a los permisos de usuario, ayudan a reducir la exposición a datos irrelevantes.

Ejemplo

Un modelo de datos contiene información de ventas, clientes, productos, inventario y finanzas.

- Para el equipo comercial, se crea una perspectiva que incluye únicamente Ventas, Clientes y KPI de objetivos cumplidos.
- Para el equipo financiero, se diseña otra perspectiva que muestra Costes, Beneficios y Margen.

Así, cada usuario trabaja con una vista reducida y adaptada a sus necesidades, sin distraerse con información irrelevante.

Las perspectivas son especialmente útiles cuando el modelo de datos va a ser consumido por muchos usuarios distintos, ya que permiten ofrecer informes claros y personalizados sin duplicar el trabajo del analista.

El proceso de creación de perspectivas en **Power Pivot** permite diseñar vistas simplificadas del modelo de datos, mostrando solo aquellos elementos que resultan relevantes para un análisis concreto. Esto no implica duplicar tablas ni medidas, sino definir qué se "ve" en cada perspectiva.

Los pasos para crear una perspectiva son:

1. **Acceder a la ventana de Power Pivot:**
   - En Excel, ir a la pestaña **Power Pivot → Administrar**.
   - Dentro de la ventana, seleccionar el menú **Vista avanzada → Crear perspectiva**.

2. **Seleccionar las tablas del modelo:**
   - Aparecerá un listado con todas las tablas del modelo de datos.
   - En cada tabla se pueden marcar o desmarcar los elementos que se incluirán en la perspectiva: columnas, medidas, KPI y jerarquías.

3. **Asignar un nombre a la perspectiva:**
   - Es recomendable que el nombre sea claro y representativo del área a la que va destinada.

o   Ejemplo: *Perspectiva Ventas, Perspectiva Finanzas, Perspectiva Logística.*

4. **Guardar y aplicar:**
   o   Una vez creada, la perspectiva queda disponible como una vista del modelo de datos.
   o   Los usuarios que utilicen tablas o gráficos dinámicos podrán elegir la perspectiva como fuente, accediendo únicamente a los elementos definidos.

Un modelo de datos incluye varias tablas: Ventas, Clientes, Productos, Costes, Inventario y KPI.

- Para el departamento comercial, se configura una perspectiva con Ventas, Clientes, KPI de ventas y jerarquías de fechas.
- Para el departamento financiero, otra perspectiva incluye Costes, Beneficios y KPI de margen.

De esta forma, cada área ve únicamente los campos que le interesan, evitando confusión y mejorando la eficiencia en la creación de informes.

Las perspectivas no limitan ni eliminan datos, simplemente organizan la visualización del modelo para hacerlo más accesible y manejable según las necesidades de cada usuario.

Las **perspectivas** creadas en Power Pivot tienen como finalidad mejorar la experiencia de los usuarios finales, facilitando la navegación por modelos de datos que, en muchos casos, son complejos y contienen numerosas tablas, medidas y KPI.

Al ofrecer solo los campos necesarios para un área de negocio, se evita la confusión que puede provocar un modelo con decenas de elementos.

Ejemplo

Un comercial que solo necesita analizar ventas y clientes no tiene por qué visualizar también tablas de inventario o costes.

Con perspectivas personalizadas, los usuarios pueden:

- Construir informes más rápidamente.
- Evitar errores al seleccionar campos irrelevantes.
- Centrarse en los indicadores que realmente afectan a su área de trabajo.

Un mismo modelo puede ofrecer múltiples perspectivas adaptadas a distintos perfiles:

- **Dirección:** visión global con KPI clave.
- **Comercial:** datos de clientes, ventas y productos.
- **Finanzas:** márgenes, beneficios y costes.
- **Operaciones:** inventario y logística.

Esto asegura que cada equipo trabaje con la información adecuada, sin necesidad de crear modelos de datos independientes.

Ejemplo

Una compañía que utiliza Power Pivot para analizar su negocio crea las siguientes perspectivas:

- **Perspectiva comercial:** incluye tablas de Ventas, Clientes, KPI de objetivos y jerarquías de fechas.
- **Perspectiva financiera:** muestra Costes, Beneficios, KPI de margen y jerarquías contables.
- **Perspectiva logística:** contiene Inventario, Proveedores y métricas de entregas.

Cada área obtiene así una experiencia de navegación adaptada, lo que facilita la creación de informes sin necesidad de formación avanzada en el modelo completo.

El uso práctico de las perspectivas convierte un modelo de datos complejo en una herramienta clara, intuitiva y accesible, garantizando que cada usuario encuentre solo lo que necesita para su trabajo.

5. Organizar campos de jerarquías

En un modelo de datos, los usuarios suelen necesitar analizar la información en diferentes niveles de detalle. Por ejemplo, un informe de ventas puede mostrarse a nivel de año, pero también es útil desglosarlo por trimestre, mes o día. Para facilitar esta exploración, Power Pivot permite crear jerarquías de campos.

Una **jerarquía** es un conjunto de campos relacionados de forma natural que se organizan en niveles, permitiendo al usuario moverse de lo general a lo particular (*drill down*) o resumir desde lo particular hacia lo general (*roll up*).

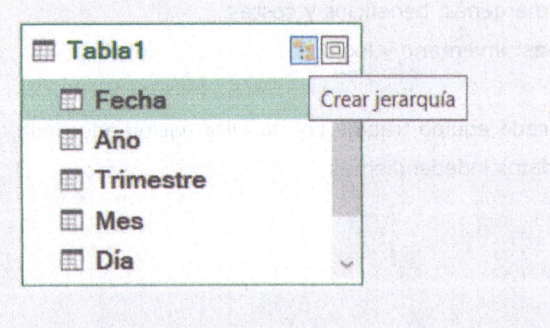

Fig. 9. La creación de jerarquías en Power Pivot organiza campos en niveles (año, trimestre, mes, día) para facilitar el análisis de la información

Ejemplo

Ejemplos típicos de jerarquías son:

- Jerarquía temporal: Año → Trimestre → Mes → Día.
- Jerarquía geográfica: País → Región → Ciudad.
- Jerarquía de productos: Categoría → Subcategoría → Producto.

Estas jerarquías no modifican los datos originales, simplemente organizan los campos en una estructura lógica que simplifica el análisis.

Las jerarquías creadas en Power Pivot permiten navegar por los datos siguiendo niveles definidos, como año, trimestre y mes, como vemos en la siguiente imagen:

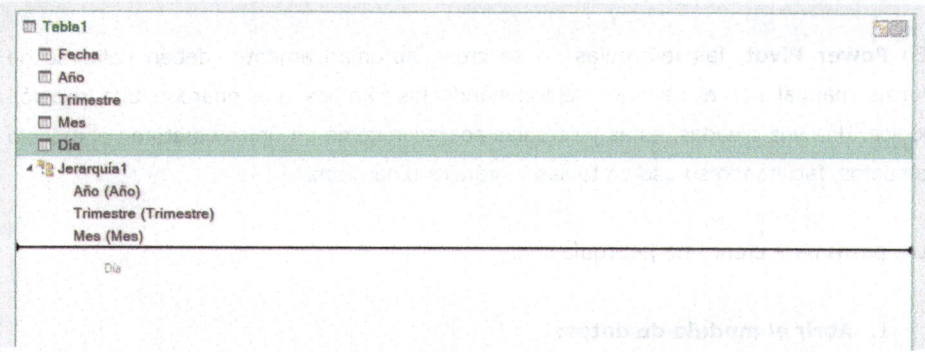

Las ventajas de usar jerarquías son las siguientes:

- **Facilidad de navegación**: en tablas y gráficos dinámicos, los usuarios arrastran una sola jerarquía en lugar de varios campos por separado.
- **Claridad**: se mantiene un orden lógico en la exploración de datos.
- **Agilidad**: permite pasar rápidamente de un análisis global a uno detallado mediante funciones de *drill down*.

Ejemplo

Un responsable de ventas analiza los ingresos de la empresa:

- En un primer nivel observa las cifras anuales.
- Después, despliega la jerarquía para ver la evolución por trimestres.
- Finalmente, baja hasta el nivel de detalle mensual.

Este proceso sería más engorroso si tuviera que arrastrar manualmente cada campo de fecha en la tabla dinámica.

Las jerarquías son, en esencia, **atajos inteligentes** que estructuran los campos de un modelo de datos de forma lógica y ordenada, mejorando la experiencia del usuario en el análisis.

En **Power Pivot**, las jerarquías no se crean automáticamente: deben definirse de forma manual por el usuario, seleccionando los campos que guardan una relación lógica. Una vez creadas, estas jerarquías aparecen como un único objeto en el modelo de datos, facilitando su uso en tablas y gráficos dinámicos.

Los pasos para crear una jerarquía son:

1. **Abrir el modelo de datos:**
   - Desde Excel, ir a **Power Pivot → Administrar**.
   - En la ventana de Power Pivot, asegurarse de estar en la **vista de diagrama**, donde se muestran todas las tablas con sus campos.

2. **Seleccionar los campos relacionados:**
   - Localizar la tabla que contiene los campos que se quiere organizar.
   - Hacer clic derecho sobre uno de ellos y seleccionar **Crear jerarquía**.
   - Se crea un nuevo contenedor de jerarquía en la tabla.

3. **Agregar más campos a la jerarquía:**
   - Arrastrar los demás campos en el orden lógico deseado (por ejemplo: Año → Trimestre → Mes → Día).

○ Es posible cambiar el orden en cualquier momento moviendo los campos dentro de la jerarquía.

4. **Nombrar la jerarquía:**

○ Asignar un nombre claro y representativo (ejemplo: *Jerarquía Fechas, Jerarquía Geográfica*).

○ Esto facilita que los usuarios identifiquen la jerarquía en el modelo de datos.

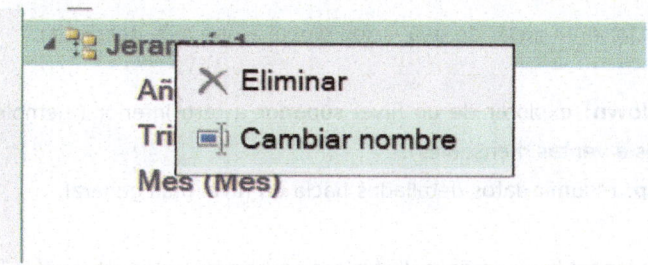

Fig. 10. En el menú contextual de la jerarquía, la opción Cambiar nombre permite asignar un título claro y representativo que facilite su identificación en el modelo de datos

Ejemplo

En una tabla de calendario con los campos Año, Trimestre, Mes y Día, se crea la jerarquía Fechas.

* Al insertarla en una tabla dinámica, aparece como un solo objeto.
* Los usuarios pueden expandir y contraer los niveles para navegar fácilmente desde los totales anuales hasta el detalle diario.

Una vez creada, una jerarquía puede reutilizarse en múltiples informes, evitando la repetición de arrastrar manualmente los mismos campos en cada análisis.

El uso de **jerarquías en Power Pivot** aporta un valor añadido a los modelos de datos, ya que mejora la forma en que los usuarios exploran la información y construyen informes. Las jerarquías actúan como **estructuras lógicas** que ordenan los campos y permiten navegar por diferentes niveles de detalle de forma intuitiva.

En lugar de arrastrar manualmente varios campos uno por uno, el usuario puede incluir una jerarquía completa en la tabla o gráfico dinámico con un solo clic.

Ejemplo

Al añadir la jerarquía Fechas, automáticamente se incorporan los niveles de Año → Trimestre → Mes → Día, listos para ser explorados.

Las jerarquías facilitan pasar de una visión global a una más detallada:

- **Drill down**: explorar de un nivel superior a otro inferior (ejemplo: de ventas anuales a ventas mensuales).
- **Roll up**: resumir datos detallados hacia un nivel más general.

Esto convierte las tablas y gráficos dinámicos en herramientas interactivas y flexibles.

Las jerarquías permiten organizar los campos de manera coherente y natural, evitando que los usuarios se pierdan entre múltiples columnas dispersas. Además, refuerzan la consistencia entre informes, ya que todos los usuarios analizan la información con la misma estructura jerárquica.

Ejemplo

Un analista financiero necesita revisar las cifras de ventas:

- Comienza observando los totales anuales.
- Desciende a los resultados por trimestre.
- Finalmente, detalla el análisis hasta el nivel mensual.

Gracias a la jerarquía creada en Power Pivot, este proceso se realiza de forma inmediata y ordenada, sin necesidad de arrastrar múltiples campos en cada paso.

Las jerarquías aportan **eficiencia, claridad y consistencia** al análisis, transformando los modelos de datos en entornos más intuitivos y fáciles de usar.

Resumen

El uso de Power Pivot en Excel permite trabajar con modelos de datos complejos, integrando múltiples tablas y aplicando cálculos avanzados que van mucho más allá de las tablas dinámicas tradicionales. Su fortaleza reside en la posibilidad de crear un modelo relacional dentro de Excel, gestionando grandes volúmenes de información y potenciando los análisis con el lenguaje DAX.

El primer paso consiste en crear relaciones entre tablas, lo que posibilita cruzar información de distintos orígenes sin necesidad de duplicar datos. Estas relaciones se establecen mediante campos comunes (claves) y permiten construir un modelo de datos estructurado y coherente.

Sobre este modelo se aplican cálculos con el lenguaje DAX (Data Analysis Expressions). DAX permite definir medidas y columnas calculadas, realizar agregaciones básicas como sumas, promedios o recuentos, y llegar a expresiones avanzadas que trabajan con filtros, funciones de tiempo o relaciones entre tablas. Gracias a DAX, los informes se adaptan dinámicamente al contexto de análisis definido en tablas y gráficos dinámicos.

Una de las aplicaciones más relevantes de DAX en Power Pivot es la creación de KPI (Indicadores Clave de Rendimiento). Estos indicadores comparan una medida con un objetivo definido y utilizan señales visuales (colores o iconos) para mostrar si el rendimiento es insuficiente, aceptable o excelente. De esta manera, los informes se convierten en herramientas estratégicas que permiten tomar decisiones rápidas.

En modelos de gran tamaño, Power Pivot también ofrece la posibilidad de crear perspectivas, que son vistas simplificadas del modelo. Cada perspectiva muestra únicamente las tablas, medidas y KPI relevantes para un área concreta (ventas, finanzas, logística, etc.), facilitando la navegación y adaptando la experiencia a las necesidades de cada usuario.

Finalmente, la organización de los datos se refuerza con la creación de jerarquías, que agrupan campos relacionados en diferentes niveles de detalle (por ejemplo, Año → Trimestre → Mes → Día). Las jerarquías permiten explorar la información de forma ordenada y realizar análisis dinámicos con gran agilidad, simplificando la construcción de informes interactivos.

En conjunto, Power Pivot convierte a Excel en una herramienta de inteligencia de negocio, capaz de manejar datos masivos, crear relaciones complejas, aplicar cálculos avanzados y ofrecer informes visuales claros, estratégicos y adaptados a cada usuario.

Glosario

Columna calculada

Campo añadido a una tabla que se crea con DAX y genera un valor para cada fila del conjunto de datos.

DAX (Data Analysis Expressions)

Lenguaje de fórmulas utilizado en Power Pivot y Power BI para crear medidas, columnas calculadas y expresiones avanzadas.

Drill down / Roll up

Técnicas de exploración de datos que permiten descender a un mayor nivel de detalle (*drill down*) o resumir hacia un nivel superior (*roll up*) dentro de una jerarquía.

Jerarquía

Agrupación de campos en varios niveles de detalle (por ejemplo, Año → Trimestre → Mes → Día) que facilita el análisis ordenado de la información en tablas y gráficos dinámicos.

KPI (Key Performance Indicator)

Indicador clave de rendimiento que mide el grado de cumplimiento de un objetivo mediante una medida base, un valor objetivo y un estado visual (rojo, amarillo, verde).

Medida

Cálculo dinámico definido en DAX que se evalúa en función del contexto aplicado en una tabla o gráfico dinámico.

Modelo de datos

Estructura creada en Power Pivot que integra varias tablas relacionadas, medidas y jerarquías para el análisis.

Perspectiva

Vista personalizada del modelo de datos que muestra únicamente las tablas, campos y medidas relevantes para un área de análisis.

Power Pivot

Complemento de Excel que permite crear modelos de datos relacionales, manejar grandes volúmenes de información y aplicar cálculos avanzados con el lenguaje DAX.

Relación

Vínculo entre dos tablas del modelo de datos a través de un campo común (clave), que permite analizarlas como si fueran una sola.

Ejercicios de autoevaluación

1. ¿Qué permite hacer Power Pivot en Excel?

    a. Solo crear gráficos básicos.

    b. Importar imágenes en tablas dinámicas.

    c. Crear modelos de datos relacionales y cálculos avanzados.

    d. Editar celdas con macros automáticas.

2. ¿Qué es una relación en Power Pivot?

    a. Una fórmula entre dos celdas.

    b. Un gráfico dinámico.

    c. Un vínculo entre dos tablas a través de un campo común.

    d. Un filtro aplicado a una tabla.

3. ¿Cuál es el tipo de relación más común en Power Pivot?

    a. Uno a uno (1:1).

    b. Uno a varios (1:N).

    c. Muchos a muchos (N:N) sin limitaciones.

    d. Circular entre varias tablas.

4. ¿Qué ocurre si los campos clave en una relación contienen duplicados en el lado "uno"?

    a. La relación falla y muestra error.

    b. La relación se convierte en muchos a muchos automáticamente.

    c. Excel crea una tabla puente.

    d. La relación funciona sin restricciones.

5. ¿Qué significa DAX?

    a. Data Access XML.

    b. Data Analysis Expressions.

    c. Dynamic Advanced Excel.

    d. Data Aggregation Xperience.

6. ¿Qué es una medida en DAX?

    a. Un cálculo dinámico que depende del contexto de filtros.

    b. Una columna estática creada en Power Query.

    c. Una celda con formato especial.

    d. Una macro de Excel.

7. ¿Qué diferencia principal existe entre medidas y columnas calculadas en DAX?

    a. Las medidas no pueden usarse en informes.

    b. Las medidas se calculan en tiempo real; las columnas almacenan valores fila a fila.

    c. Las columnas calculadas no consumen espacio.

    d. Son exactamente iguales.

8. ¿Qué función de DAX calcula la suma de una columna?

    a. COUNT().

    b. AVERAGE().

    c. SUM().

    d. DISTINCTCOUNT().

9. ¿Qué función de DAX permite modificar el contexto de filtro de un cálculo?

a. RELATED().

b. IF().

c. DATEADD().

d. CALCULATE().

10. ¿Qué permite hacer la función SAMEPERIODLASTYEAR()?

a. Mostrar fechas únicas en una tabla.

b. Comparar un periodo actual con el mismo periodo del año anterior.

c. Crear una nueva jerarquía de fechas.

d. Eliminar duplicados en un calendario.

U. A. 5. Aprendizaje del uso de Power BI

Introducción

Power BI es una herramienta de Microsoft diseñada para la creación de paneles e informes interactivos que permiten visualizar información de manera intuitiva y accesible. A diferencia de Excel, Power BI está orientado a la publicación y el consumo compartido de datos, integrándose con servicios en la nube y ofreciendo capacidades de actualización automática. Su uso facilita la toma de decisiones basada en datos, al permitir a los usuarios explorar los informes en tiempo real y desde múltiples dispositivos.

Objetivos

- Diseñar informes interactivos y paneles en Power BI.
- Integrar datos de distintas fuentes y mantener su actualización.
- Compartir visualizaciones en entornos colaborativos para la toma de decisiones.

1. Creación de informes y paneles interactivos

Un **informe en Power BI** es una representación visual de los datos basada en uno o varios conjuntos de información del modelo. A diferencia de una simple tabla o gráfico en Excel, un informe en Power BI combina **múltiples visualizaciones interactivas** en una o varias páginas, permitiendo explorar la información de manera dinámica.

Cada informe está conectado al modelo de datos subyacente, lo que significa que cualquier cambio en los filtros o en una visualización afecta al resto de gráficos del mismo informe. Esto convierte a los informes en herramientas de análisis que no solo muestran resultados, sino que permiten descubrir patrones, detectar problemas y evaluar tendencias de forma intuitiva.

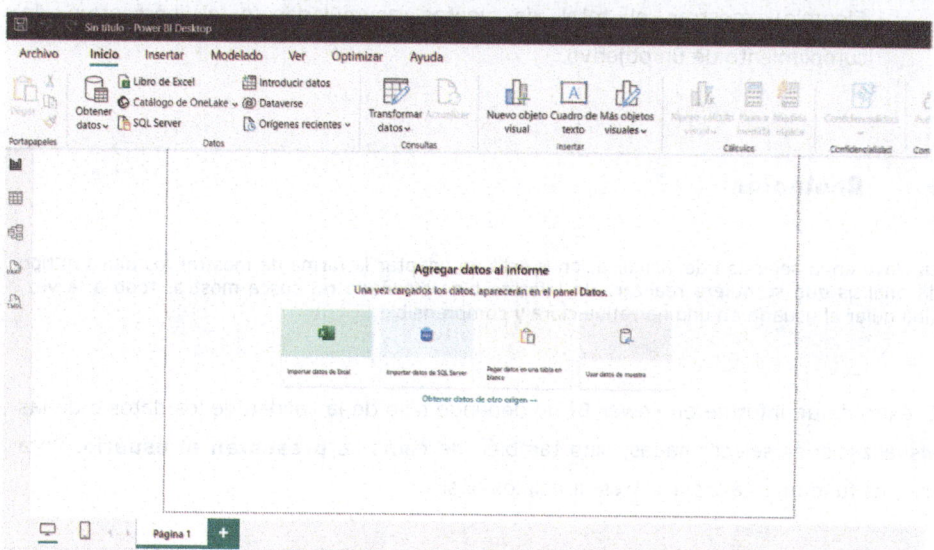

Fig. 1. La pantalla inicial de Power BI Desktop permite importar datos desde múltiples orígenes como Excel, SQL Server o servicios en la nube

Uno de los aspectos clave en el diseño de informes es la elección correcta de las **visualizaciones**. Power BI ofrece una amplia gama de opciones, cada una con un propósito específico:

- **Tablas y matrices**: útiles para mostrar datos detallados y permitir desgloses más profundos. Ejemplo: listado de ventas por cliente con totales y subtotales.
- **Gráficos de barras y columnas**: ideales para comparar cantidades entre categorías. Ejemplo: comparar ventas por región o por producto.
- **Gráficos de líneas y áreas**: se utilizan para mostrar tendencias a lo largo del tiempo. Ejemplo: evolución mensual de ingresos en el último año.
- **Mapas**: permiten representar datos geográficos, vinculando información a ubicaciones específicas. Ejemplo: ventas distribuidas por provincias o países.
- **Tarjetas e indicadores**: destacan un valor clave (KPI) de manera directa. Ejemplo: mostrar el total de ventas acumuladas o el porcentaje de cumplimiento de un objetivo.

 Anotación

La clave en la selección de visualizaciones está en adaptar la forma de mostrar los datos al tipo de análisis que se quiere realizar. Un informe bien diseñado no busca mostrar todo a la vez, sino guiar al usuario en una narrativa clara y comprensible.

El éxito de un informe en Power BI no depende solo de la calidad de los datos o de las visualizaciones seleccionadas, sino también de cómo se **presentan al usuario**. Para ello, es fundamental aplicar tres principios básicos:

1. **Claridad:**
   - El informe debe ser fácil de entender a primera vista.
   - Evitar sobrecargar con demasiados gráficos o datos irrelevantes.
   - Usar colores y etiquetas que refuercen la lectura en lugar de dificultarla.

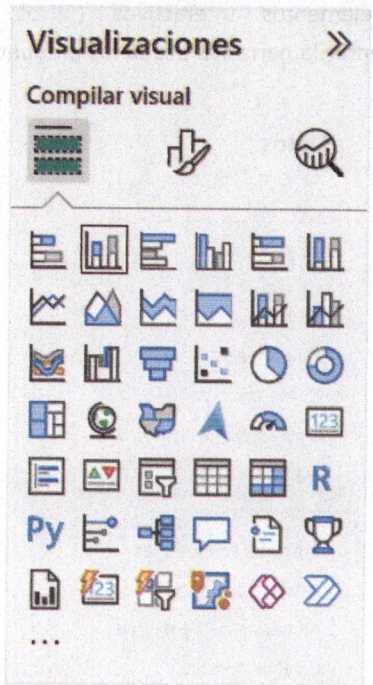

Fig. 2. El panel de visualizaciones de Power BI reúne distintos tipos de gráficos y objetos que pueden insertarse en los informes

2. **Consistencia:**
   - Mantener un estilo uniforme en tipografías, colores y formatos.
   - Utilizar los mismos criterios visuales para representar indicadores similares.
   - Garantizar que los usuarios puedan reconocer patrones sin necesidad de reaprender en cada página del informe.

3. **Narrativa de datos:**
   - Todo informe debe contar una "historia" con los datos: mostrar primero la visión general y después permitir al usuario explorar el detalle.
   - Las visualizaciones deben estar organizadas en un flujo lógico, guiando al usuario desde lo general (ejemplo: total de ventas) hasta lo específico (ejemplo: ventas por producto en una región concreta).

o Incorporar elementos interactivos (filtros, segmentaciones) que permitan adaptar la narrativa según las preguntas del usuario.

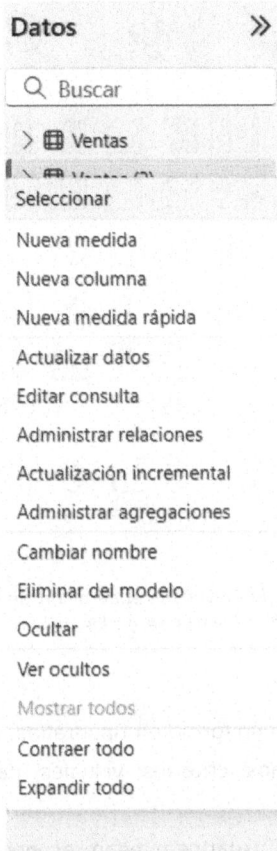

Fig. 3. El panel de datos de Power BI ofrece opciones para crear medidas, columnas calculadas y administrar relaciones dentro del modelo

Ejemplo

Imaginemos un informe de ventas diseñado en Power BI con una página principal compuesta por las siguientes visualizaciones:

- Una tarjeta de KPI que muestre las ventas totales del año con un indicador de cumplimiento del objetivo (ejemplo: 95% del objetivo alcanzado).
- Un gráfico de barras para comparar las ventas por región, permitiendo identificar de un vistazo qué áreas aportan más al total.
- Un gráfico de líneas que represente la evolución mensual de las ventas, facilitando la detección de picos de demanda o caídas en periodos concretos.
- Un filtro de segmentación por producto o categoría, para que el usuario pueda personalizar la vista de los datos.

Este informe, al estar diseñado con claridad, consistencia y narrativa, permite que un directivo entienda rápidamente si las ventas cumplen con los objetivos, cuáles son las regiones más fuertes y cómo ha evolucionado el negocio a lo largo del año.

Una de las características más potentes de Power BI es la posibilidad de **interactuar con los datos** directamente desde las visualizaciones.

Los usuarios no solo observan la información, sino que pueden **explorarla dinámicamente** según sus necesidades.

- **Segmentaciones (Slicers):** son filtros visuales que permiten seleccionar categorías de datos mediante botones o listas desplegables. Por ejemplo, un slicer de *Año* permite cambiar toda la vista del informe entre 2022, 2023 o 2024 con un solo clic.
- **Filtros:** pueden aplicarse a nivel de página, de informe completo o de visualización individual. Permiten restringir los datos que se muestran y garantizan que los informes sean más flexibles y personalizables.
- **Botones de navegación:** permiten moverse entre diferentes páginas de un informe, simulando menús interactivos. Pueden configurarse con iconos o texto, mejorando la experiencia del usuario al crear informes con varias secciones.

Los **paneles o dashboards** son un elemento clave en el ecosistema de Power BI, especialmente cuando se trabaja en la versión online (**Power BI Service**). A diferencia de los informes, que suelen contener varias páginas, un panel es una **vista única y resumida** formada por visualizaciones fijadas desde uno o varios informes.

Las características principales de los paneles son:

- **Unificación:** permiten reunir en un mismo lugar visualizaciones procedentes de distintos informes y orígenes de datos.
- **Interactividad:** aunque son más estáticos que los informes, mantienen funcionalidades como el filtrado y la actualización automática de los datos.
- **Accesibilidad:** pueden compartirse fácilmente con otros usuarios de la organización a través del servicio Power BI.
- **Alertas e integración:** se pueden configurar alertas en métricas clave y añadir paneles a aplicaciones móviles para seguimiento en tiempo real.

Ejemplo

Un panel ejecutivo puede incluir:
- Una tarjeta con las ventas globales de la empresa.
- Un gráfico de barras con las ventas por región.
- Un KPI de margen de beneficio.
- Un mapa geográfico con la distribución de clientes.

De esta forma, la dirección obtiene en una sola página la información más importante para la toma de decisiones.

Mientras que los **informes** son más detallados e interactivos, los **paneles** están pensados para ofrecer una visión global y rápida. Lo habitual es diseñar informes completos y después fijar sus visualizaciones en un panel que actúe como **resumen ejecutivo**.

Por otro lado, Power BI ofrece una serie de funciones que convierten a los informes y paneles en entornos **altamente interactivos**:

- **Drill down (exploración hacia el detalle):** permite descender desde un nivel general hasta uno más específico dentro de una jerarquía.

Ejemplo

Empezar viendo ventas anuales, luego descender a trimestres, después a meses y finalmente a días.

- **Resaltado cruzado (*cross-highlighting*):** cuando se selecciona un elemento en una visualización, el resto de gráficos del informe se actualizan mostrando cómo se relacionan con esa selección.

Ejemplo

Al hacer clic en la región "Norte" en un gráfico de barras, todos los demás gráficos muestran solo los datos correspondientes a esa región.

- **Actualización dinámica:** cada vez que cambian los datos en la fuente (Excel, base de datos, servicio en la nube), el informe o panel se actualiza automáticamente. Esto garantiza que los usuarios siempre trabajen con la información más reciente sin procesos manuales.

Ejemplo

Imaginemos un panel ejecutivo diseñado en Power BI que combine tres elementos clave:

1. **Ventas por región (gráfico de barras):** muestra la comparación de ingresos entre zonas geográficas.
2. **Evolución mensual (gráfico de líneas):** representa la tendencia de las ventas a lo largo del año.
3. **Cumplimiento de objetivos (tarjeta KPI):** indica en verde, amarillo o rojo si se alcanzaron las metas de ventas.

El usuario puede:

- Usar un *slicer* de productos para filtrar todo el panel por una categoría concreta.
- Aplicar *drill down* en el gráfico de barras para ver, dentro de cada región, las ventas por ciudad.
- Seleccionar una región en el gráfico y observar cómo se resaltan dinámicamente los resultados de esa región en los demás gráficos.
- Ver cómo los datos se actualizan automáticamente al cargar nueva información de ventas desde la base de datos corporativa.

Gracias a estas funciones, los informes y paneles de Power BI no son simples resúmenes estáticos, sino **herramientas vivas de análisis** que permiten a cada usuario explorar los datos de acuerdo con sus preguntas específicas.

Resumen

En Power BI, los informes son representaciones visuales basadas en un modelo de datos, que combinan distintas visualizaciones en una o varias páginas. A diferencia de Excel, los informes de Power BI son totalmente interactivos, lo que permite no solo mostrar la información, sino también explorarla en profundidad. La correcta selección de visualizaciones es clave: las tablas y matrices aportan detalle, los gráficos de barras y columnas permiten comparar categorías, los gráficos de líneas muestran tendencias temporales, los mapas representan información geográfica y las tarjetas o indicadores destacan los valores clave.

El diseño de informes debe seguir principios de claridad, consistencia y narrativa de datos. Esto implica que los informes sean fáciles de interpretar, mantengan un estilo visual uniforme y presenten la información de forma lógica, guiando al usuario desde una visión global hasta un detalle específico. Un informe bien estructurado puede incluir KPI, gráficos comparativos y tendencias temporales, acompañados de filtros o segmentaciones que personalicen la experiencia del usuario.

Además de los informes, Power BI ofrece la posibilidad de crear paneles (dashboards) en su servicio en la nube. Estos paneles resumen en una sola página los elementos más relevantes de uno o varios informes, permitiendo a los usuarios tener una visión ejecutiva y global del negocio. Aunque menos detallados que los informes, los paneles destacan por su capacidad de integración, accesibilidad y actualización automática.

La interactividad es uno de los aspectos más valiosos de Power BI. Los usuarios pueden aplicar segmentaciones y filtros, navegar entre páginas mediante botones, realizar *drill down* para pasar de un nivel general a otro más detallado y aprovechar el resaltado cruzado entre visualizaciones. Además, los informes y paneles se mantienen siempre al día gracias a la actualización dinámica de los datos conectados. Todo ello convierte a Power BI en una herramienta potente para el análisis de información y la toma de decisiones estratégicas.

Glosario

Actualización dinámica

Capacidad de Power BI para refrescar automáticamente los informes y paneles cuando cambian los datos en la fuente.

Botón de navegación

Elemento interactivo que permite moverse entre páginas de un informe o activar acciones específicas.

Dashboard (panel)

Vista única y resumida en Power BI Service, que combina visualizaciones de distintos informes en una sola página.

Drill down

Funcionalidad que permite descender a un nivel más detallado dentro de una jerarquía (por ejemplo, de año a trimestre o mes).

Filtro

Condición que restringe los datos mostrados en una visualización, página o informe completo.

Informe en Power BI

Conjunto de visualizaciones interactivas organizadas en una o varias páginas, conectadas a un modelo de datos.

KPI (Key Performance Indicator)

Indicador clave que muestra el grado de cumplimiento de un objetivo mediante un valor numérico acompañado de un estado visual.

Resaltado cruzado (*cross-highlighting*)

Interacción en la que la selección de un dato en una visualización resalta automáticamente la información relacionada en otras.

Slicer (segmentación)

Filtro visual que permite seleccionar valores de una categoría y aplicar el cambio a todo el informe de manera interactiva.

Visualización

Representación gráfica de los datos, como tablas, gráficos, mapas o tarjetas.

Ejercicios de autoevaluación

1. **¿Qué es un informe en Power BI?**

    a. Una hoja de Excel con tablas dinámicas.

    b. Un conjunto de visualizaciones interactivas organizadas en una o varias páginas.

    c. Un archivo PDF con datos estáticos.

    d. Un panel único con indicadores fijos.

2. **¿Qué diferencia principal existe entre un informe y un panel en Power BI?**

    a. Los informes son estáticos y los paneles interactivos.

    b. El informe puede tener varias páginas; el panel es una vista única y resumida.

    c. Los informes solo están en la nube; los paneles en local.

    d. El panel muestra tablas, el informe solo gráficos.

3. **¿Cuál de las siguientes visualizaciones es ideal para mostrar tendencias en el tiempo?**

    a. Tablas.

    b. Gráficos de líneas.

    c. Gráficos de barras.

    d. Tarjetas KPI.

4. **¿Qué visualización se utiliza para resaltar un valor clave de manera directa?**

    a. Gráfico de dispersión.

    b. Tarjeta o indicador KPI.

    c. Matriz.

    d. Mapa.

5. **¿Qué principio de diseño busca que los informes sean fáciles de interpretar y no estén sobrecargados?**

    a. Narrativa.

    b. Consistencia.

    c. Dinamismo.

    d. Claridad.

6. **¿Qué principio asegura que se utilicen los mismos colores y formatos para indicadores similares?**

    a. Narrativa.

    b. Claridad.

    c. Consistencia.

    d. Actualización.

7. **¿Qué principio convierte a los informes en "historias con datos"?**

    a. Narrativa.

    b. Claridad.

    c. Simplicidad.

    d. Orden.

8. **¿Qué elemento de Power BI permite filtrar datos de manera visual e intuitiva con botones o listas?**

    a. Slicer (segmentación).

    b. KPI.

    c. Relación.

    d. Jerarquía.

9. ¿Dónde pueden aplicarse los filtros en un informe de Power BI?

a. Solo en el panel.

b. En visualizaciones individuales, páginas o en todo el informe.

c. Solo en tablas.

d. Solo en mapas.

10.¿Para qué sirven los botones de navegación en Power BI?

a. Moverse entre diferentes páginas del informe.

b. Cambiar los colores de los gráficos.

c. Crear automáticamente KPI.

d. Exportar datos a Excel.

Aplicaciones prácticas

Aplicación práctica 1. Convertir rango de datos en tabla

U. A. 1. Realización de tablas

En una empresa se decide organizar la información de ventas de los últimos tres años en Excel. Un trabajador convierte el rango de datos en tabla, pero comete varios errores en el proceso:

- No marca la opción "La tabla tiene encabezados", por lo que Excel asigna nombres automáticos como Columna1, Columna2, Columna3.
- Deja el nombre de la tabla como "Tabla1" en lugar de darle un identificador claro como "Ventas2024".
- Añade nuevas filas de datos justo debajo de la tabla, pero lo hace copiando y pegando con formato manual, sin que se expanda automáticamente.
- Intenta usar una fórmula estructurada escribiendo =SUMA(C2:C100) en lugar de =SUMA(Ventas[Importe]).

La dirección de la empresa quiere saber cuáles son los problemas principales de este procedimiento y cómo deberían corregirse para garantizar que la tabla cumpla su función como herramienta de análisis.

Aplicación práctica 2. Elección de gráficos dinámicos

U. A. 2. Análisis y realización de tablas y gráficos dinámicos

Una responsable de ventas debe preparar un informe para la dirección de la empresa a partir de una tabla dinámica que resume las cifras de ventas. Se le presentan tres necesidades distintas de análisis y debe decidir qué tipo de gráfico dinámico usar en cada caso:

- Comparar las ventas de cinco regiones diferentes en el último trimestre para ver cuál obtuvo mejores resultados.
- Analizar la evolución mensual de las ventas durante el último año y detectar si existen tendencias de crecimiento o caída.
- Mostrar qué porcentaje de participación tuvo cada producto dentro de las ventas totales del año, con el fin de identificar cuáles representan la mayor parte del negocio.

Aplicación práctica 3. Herramientas para integrar datos

U. A. 3. Aprendizaje del uso de Power Query. Obtención y transformación de datos

Un analista de una empresa recibe mensualmente la siguiente información en diferentes formatos:

- Las ventas de cada mes llegan en archivos CSV separados (VentasEnero.csv, VentasFebrero.csv, etc.).
- Los datos de clientes están almacenados en una base de datos Access con información como ID, nombre y ciudad.
- Los productos se gestionan en un Excel independiente que contiene códigos, descripciones y precios actualizados.

El objetivo es elaborar un informe en Excel que muestre las ventas totales por ciudad y producto, relacionando la información de los tres orígenes.

El analista duda sobre qué opciones de Power Query debe usar para integrar los datos y garantizar que, cada mes, el proceso se pueda actualizar con un solo clic.

Aplicación práctica 4. Errores en la creación del modelo de datos

U. A. 4. Aprendizaje del uso de Power Pivot. Modelado de datos y análisis

Una empresa crea un modelo de datos en Power Pivot para analizar las ventas. El analista incluye tres tablas principales:

- **Ventas:** contiene IDCliente, IDProducto, Fecha e Importe.
- **Clientes:** contiene IDCliente, Nombre, Ciudad.
- **Productos:** contiene IDProducto, Categoría, PrecioUnitario.

Al configurar el modelo comete varios errores:

- Establece la relación entre Ventas[IDCliente] y Clientes[IDCliente], pero el campo en la tabla de Clientes tiene valores duplicados porque algunos registros están repetidos.
- Intenta crear una relación muchos a muchos (N:N) entre Ventas y Productos sin añadir una tabla intermedia.

Define una columna calculada en Ventas para calcular el importe total (Cantidad × PrecioUnitario), cuando en realidad lo que necesitaba era una medida dinámica que pudiera usarse en informes filtrados por año y por región.

Aplicación práctica 5. Tipos de visualizaciones

U. A. 5. Aprendizaje del uso de Power BI

Un analista ha diseñado un informe de ventas en Power BI, pero ha dejado incompleta la tabla que relaciona tipos de visualizaciones con su uso recomendado. Para que el informe sea útil, se debe completar correctamente según la teoría aprendida.

Visualización	Uso recomendado
Gráfico de barras/columnas	
Gráfico de líneas	
Mapa	
Tarjeta KPI	
Tabla o matriz	

Ejercicio de evaluación final

1. ¿Qué es un panel (*dashboard*) en Power BI?

   a. Una visualización dentro de un informe.

   b. Una vista única y resumida que puede contener visualizaciones de varios informes.

   c. Un informe offline sin conexión a datos.

   d. Una tabla de datos en Excel.

2. ¿Qué ventaja tienen los paneles en Power BI Service?

   a. Reúnen en un solo lugar visualizaciones clave de diferentes informes.

   b. No permiten compartir información.

   c. Sustituyen a las tablas dinámicas en Excel.

   d. Se crean automáticamente sin configuración.

3. ¿Qué función permite descender desde un nivel general a un nivel más detallado en una jerarquía?

   a. Resaltado cruzado.

   b. *Drill down*.

   c. Actualización dinámica.

   d. Slicer.

4. ¿Qué ocurre cuando se selecciona un dato en un gráfico y el resto de las visualizaciones se adaptan a esa selección?

   a. *Drill down*.

   b. Filtro manual.

   c. Resaltado cruzado.

   d. KPI.

5. ¿Qué asegura la actualización dinámica de Power BI?

    a. Que los informes se guarden automáticamente.

    b. Que los KPI cambien de color en cada sesión.

    c. Que los datos se refresquen automáticamente al cambiar la fuente.

    d. Que las visualizaciones cambien de formato.

6. ¿Qué combinación de elementos tendría un panel ejecutivo de ventas en Power BI?

    a. Tablas sin formato, KPI y macros.

    b. Únicamente una tabla dinámica.

    c. Solo un mapa geográfico.

    d. Gráfico de barras por región, gráfico de líneas mensual y tarjeta KPI de objetivos.

7. ¿Qué es un KPI en Power Pivot?

    a. Una tabla que organiza jerarquías.

    b. Un indicador clave de rendimiento basado en una medida, un objetivo y un estado visual.

    c. Una medida duplicada con formato condicional.

    d. Un gráfico automático de Power BI.

8. ¿Qué muestran los colores de un KPI (rojo, amarillo, verde)?

    a. Solo la diferencia entre productos.

    b. El contexto de fila aplicado.

    c. El tipo de relación entre tablas.

    d. El grado de cumplimiento respecto a un objetivo.

9. ¿Qué son las perspectivas en Power Pivot?

   a. Vistas personalizadas del modelo que muestran solo los elementos relevantes.

   b. Tablas dinámicas simplificadas.

   c. Archivos independientes de Excel.

   d. KPI agrupados en una hoja.

10. ¿Cuál es la principal utilidad de una perspectiva?

   a. Eliminar datos del modelo.

   b. Simplificar la navegación en modelos complejos para distintos perfiles de usuario.

   c. Crear automáticamente gráficos dinámicos.

   d. Exportar a Access.

11. ¿Qué es una jerarquía en Power Pivot?

   a. Una tabla auxiliar creada en Power Query.

   b. Un conjunto de campos organizados en niveles lógicos (ejemplo: Año → Mes → Día).

   c. Una medida que usa la función CALCULATE.

   d. Un KPI de rendimiento financiero.

12. ¿Qué ventaja aporta una jerarquía en tablas y gráficos dinámicos?

   a. Eliminar duplicados en los datos.

   b. Crear medidas sin usar DAX.

   c. Facilitar el análisis mediante navegación entre niveles de detalle (*drill down*).

   d. Reemplazar segmentaciones de forma automática.

13.¿Qué ocurre si se elimina una consulta marcada como "solo conexión"?

   a. No afecta al libro de Excel.

   b. Se pierden las dependencias de otras consultas que la usaban.

   c. Se convierte en tabla de hoja.

   d. Se guarda en el modelo de datos.

14.¿Qué opción de carga se usa normalmente para informes simples y rápidos en Excel?

   a. Modelo de datos.

   b. Tabla en hoja de cálculo.

   c. Solo conexión.

   d. Exportación a Access.

15.¿Cómo se guardan los pasos aplicados en Power Query tras cargar los datos?

   a. En un archivo separado.

   b. Como una consulta con instrucciones reproducibles.

   c. Como macros de Excel.

   d. Como gráficos dinámicos.

16.¿Qué ventaja ofrece la actualización automática frente a la importación manual?

   a. Hace que el archivo sea más ligero.

   b. Evita repetir el proceso de limpieza cada vez que cambian los datos.

   c. Permite trabajar sin conexión.

   d. Impide modificar el archivo original.

17.¿Qué combinación es posible en la configuración de carga?

    a. Cargar como tabla y al modelo de datos simultáneamente.

    b. Solo una opción cada vez.

    c. Solo crear conexión y tabla en la misma hoja.

    d. Ninguna, se excluyen entre sí.

18.¿Qué opción es más recomendable cuando se trabaja con varias consultas intermedias que se usan en una final?

    a. Cargar todas en hojas.

    b. Cargar todas al modelo de datos.

    c. Marcarlas como "solo crear conexión".

    d. Exportarlas a un archivo externo.

19.¿Qué opción permite destacar visualmente los valores altos o bajos en un gráfico dinámico?

    a. Fórmulas estructuradas.

    b. Formato condicional.

    c. Subtotales automáticos.

    d. Diseño tabular.

20.¿Qué se debe tener en cuenta respecto a la dependencia de un gráfico dinámico?

    a. Funciona sin datos de origen.

    b. Puede existir sin tabla dinámica.

    c. Depende de la tabla dinámica de la que procede.

    d. Puede usarse en Word sin Excel.

21. ¿Cuál de las siguientes NO es una ventaja de los gráficos dinámicos?

a. Se actualizan con los cambios en la tabla dinámica.

b. Se pueden personalizar colores y estilos.

c. Funcionan de forma independiente de los datos de origen.

d. Se pueden usar segmentaciones.

22. ¿Qué personalización es posible en un gráfico dinámico?

a. Solo cambiar el título.

b. Modificar colores, estilos, etiquetas y leyendas.

c. Cambiar los datos de origen permanentemente.

d. Usar fórmulas DAX directamente.

23. ¿Qué gráfico dinámico mostraría mejor la cuota de participación de cada producto en el total de ventas?

a. Columnas.

b. Sectores.

c. Líneas.

d. Dispersión.

24. ¿Cuál es el principal uso de los gráficos dinámicos en informes ejecutivos?

a. Mostrar únicamente datos crudos.

b. Convertir resúmenes numéricos en visualizaciones claras e interactivas.

c. Sustituir a las tablas dinámicas.

d. Evitar la necesidad de segmentaciones.

25.¿Cuál es la principal ventaja de las fórmulas estructuradas frente a las referencias de celda?

    a. Son más rápidas de ejecutar.

    b. No requieren formato previo de la tabla.

    c. Funcionan sin necesidad de rangos.

    d. Son más comprensibles y fáciles de mantener.

26.Si se desea aplicar un formato distinto al de la tabla creada, ¿qué se debe hacer?

    a. Eliminar la tabla y rehacerla.

    b. Seleccionar un nuevo estilo en Herramientas de tabla → Diseño.

    c. Usar la opción Filtros personalizados.

    d. Cambiar manualmente el color de cada celda.

27.¿Qué ocurre al copiar una fórmula hacia abajo en una columna de una tabla?

    a. Se mantiene en una sola celda.

    b. Se replica automáticamente en toda la columna.

    c. Se copia solo en las filas visibles.

    d. Pierde la referencia estructurada.

28.¿Qué opción permite mostrar únicamente registros que cumplen una condición específica?

    a. Ordenamiento.

    b. Filtro.

    c. Fila de totales.

    d. Estilos de tabla.

29.¿Cuál de las siguientes es una característica de las tablas en Excel?

    a. No permiten añadir nuevas columnas.

    b. Solo pueden contener números.

    c. Funcionan únicamente en versiones de Excel 365.

    d. Se actualizan automáticamente al añadir nuevos registros.

30.¿Qué beneficio adicional ofrece la conversión de un rango en tabla respecto al trabajo en equipo?

    a. Estandariza la visualización y reduce errores en fórmulas.

    b. Hace los archivos más ligeros.

    c. Aumenta el tamaño de los archivos.

    d. Evita la necesidad de encabezados.

Solucionario

U. A. 1. Realización de tablas

1. b	**6.** c
2. d	**7.** d
3. c	**8.** b
4. a	**9.** b
5. c	**10.** c

U. A. 2. Análisis y realización de tablas y gráficos dinámicos

1. c	**6.** d
2. b	**7.** c
3. c	**8.** c
4. a	**9.** a
5. c	**10.** d

U. A. 3. Aprendizaje del uso de Power Query. Obtención y transformación de datos

1. b	**6.** c
2. d	**7.** b
3. b	**8.** b
4. d	**9.** c
5. a	**10.** a

U. A. 4. Aprendizaje del uso de Power Pivot. Modelado de datos y análisis

1. c	**6.** a
2. c	**7.** b
3. b	**8.** c
4. a	**9.** d
5. b	**10.** b

U. A. 5. Aprendizaje del uso de Power BI

1. b	**6.** c
2. b	**7.** a
3. b	**8.** a
4. b	**9.** b
5. d	**10.** a

Bibliografía

Webgrafía

Arquitectura big data: qué es, cómo funciona y qué tipos existen

https://www.inesdi.com/blog/principales-tipologias-de-arquitecturas-en-big-data/

Business intelligence: qué es y cómo integrarla en tu ERP

https://www.wolterskluwer.com/es-es/expert-insights/business-intelligence-que-es-bi

Business Intelligence: qué significa

https://www.tableau.com/es-es/learn/articles/business-intelligence

Data Management o gestión de datos, ¿de qué se trata?

https://datascientest.com/es/data-management-o-gestion-de-datos

IoT: Impulsa la transformación digital

https://arditec.es/internet-de-las-cosas/

La influencia del IoT en la transformación digital

https://www.grupocibernos.com/blog/la-influencia-del-iot-la-transformacion-digital

Las 10 mejores herramientas de análisis de datos para analistas de datos en 2024

https://www.datacamp.com/es/blog/the-9-best-data-analytics-tools-for-data-analysts-in-2023

Las mejores herramientas de análisis de datos para 2025: Guía completa

https://isvisoft.com/mejores-herramientas-de-analisis-de-datos/

Protección de datos en la UE

https://www.consilium.europa.eu/es/policies/data-protection/

¿Qué diferencia existe entre el data science y el big data analytics?

https://www.bigdata.uma.es/que-diferencia-existe-entre-el-data-science-y-el-big-data-analytics/

¿Qué es la Ciencia de Datos y qué hace un científico de datos?

https://www.uax.com/blog/ingenieria-tecnologia/que-es-la-ciencia-de-datos-y-que-hace-un-cientifico-de-datos

¿Qué es la gestión de datos?

https://www.sap.com/spain/products/technology-platform/what-is-data-management.html

¿Qué es la inteligencia empresarial (BI)?

https://www.ibm.com/es-es/topics/business-intelligence

¿Qué es un arquitecto de Big Data y qué funciones tiene?

https://www.villanueva.edu/que-es-un-arquitecto-de-big-data-y-que-funciones-tiene/

Reglamento general de protección de datos

https://europa.eu/youreurope/business/dealing-with-customers/data-protection/data-protection-gdpr/index_es.htm